D1917952

Durrell · Die Tiere in meiner Arche

Gerald Durrell

Die Tiere in meiner Arche

Ullstein

Verlag Ullstein GmbH · Berlin · Frankfurt/M · Wien
© 1976 by Gerald Durrell
Titel der Originalausgabe ›The Stationary Ark‹
Erschienen 1976 bei Collins, St Jame's Place, London
Übersetzung Mechthild Sandberg
Zeichnungen William Oliver
© 1979 der deutschen Ausgabe Verlag Ullstein GmbH
Berlin · Frankfurt/M · Wien
Satz und Druck Süddeutsche Verlagsanstalt, Ludwigsburg
Buchbinder May & Co, Darmstadt
Printed in Germany 1979
ISBN 3 550 06576 0

Inhalt

»Seid fruchtbar und mehret euch und erfüllet die Erde und macht sie euch untertan! Herrschet über die Fische des Meeres und über die Vögel des Himmels und über alles Getier, das sich auf Erden regt!«

GENESIS 1.28

»Ich aber brachte euch in ein Gartenland, damit ihr seine Frucht und seine Güter genießen solltet. Ihr seid eingezogen und habt mein Land besudelt, mein Eigentum zur Stätte des Greuels gemacht.«

JEREMIA 2.

Einführung

Dieses Buch befaßt sich mit Zoologischen Gärten im allgemeinen und einem Zoo im besonderen – mit jenem, den ich auf der Insel Jersey, der südlichsten zu Großbritannien gehörenden Normannischen Inseln, aufgebaut habe.

Wer mit der Arbeit in einem Zoologischen Garten direkt zu tun hat und beim Lesen meines Buches vielleicht findet, daß ich zu unverblümt über das Thema Zoo rede oder zu polemisch kritisiere, den lade ich ein, nach Jersey zu kommen und unseren Zoo ebenso kritisch unter die Lupe zu nehmen wie ich die anderen. Kritik ist gesund auch für uns, und ich hoffe, wir können aus ihr lernen.

Wer aber ebenso sehr wünscht wie ich, daß alle Zoologischen Gärten für ihre Tiere eine tiergerechtere Pflege und Unterkunft durchsetzen und darüber hinaus mit kontrollierten Zuchtprogrammen eine zukunftsgerichtete Arbeit leisten, der wird meiner Kritik sicher zustimmen. Menschen, denen ebenso viel daran liegt wie mir, gefährdete Tierarten vor dem Aussterben zu bewahren, sind ohnehin meine Freunde.

Schließlich möchte ich noch eines sagen: Ich habe ein Thema, das ich ernst nehme, mit Ernst behandelt, aber gleichzeitig auch versucht, die heitere Seite meiner Arbeit aufzuzeigen und das Ganze mit Anekdoten und Pointen ein wenig zu würzen; denn würde ich meine eigenen Verrücktheiten sowie die meiner Mitgeschöpfe – vom Pfau bis hinauf zum Politiker – nicht mit Humor hinnehmen, hätte ich meine Arbeit längst an den Nagel gehängt. Die gegenwärtige Weltlage, vom biologischen Standpunkt aus gesehen, ist so ernst, und die Zukunft sieht so finster aus, daß die Glühwürmchen des Humors, die unseren Weg aufhellend säumen, mitunter die freundlichsten Weggenossen sind.

Kapitel Eins

»Alle Beispiele in diesem Buch basieren auf derselben Grundüberlegung: Wenn der Mensch fortfährt, die Natur zu zerstören, dann sägt er damit den Ast ab, auf dem er sitzt; schützt er aber die Natur, dann schützt er zugleich die Menschheit.«

VINZENZ ZISWILER

»Die fundamentale Begrenztheit unserer westlichen Technologiekultur besteht darin, daß sie zwar die Mittel besitzt, innerhalb sehr kurzer Zeitspannen über weite Gebiete hin die totale Vernichtung allen Lebens herbeizuführen, aber die vielfältigen Nebenwirkungen des sogenannten Fortschritts nicht überschaut.«

DR. S. R. EYRE

»Die Tiergartenbiologie ist eine noch sehr junge Wissenschaft, und viele Zoologische Gärten werden heute noch so geleitet, als existiere sie überhaupt nicht. In manchen Zoos überlegt man anscheinend nicht, welche Aufgaben ein Zoo hat oder welche er in der gegenwärtigen Zeit übernehmen müßte.« HEINI HEDIGER

Der Anfang

Auf die eine oder andere Art habe ich mein Leben lang mit Zoologischen Gärten zu tun gehabt. Schon im frühen Alter von zwei Jahren hatte mich eine wahre Zoo-Manie gepackt. Wir lebten damals in einer Stadt mitten in Indien, und diese Stadt rühmte sich eines Tiergartens, der nur mit viel gutem Willen als Zoo bezeichnet werden konnte. Zweimal am Tag, wenn meine geplagte Ayah mich fragte, wohin wir unseren Spaziergang machen sollten, schleppte ich die Ärmste durch die Reihen stinkender Käfige mit ihren mottenzerfressenen Schaustücken. Jeder Versuch von ihr, dieses Ritual zu durchbrechen, wurde von mir mit einem Wutgeheul quittiert, das im Süden sicher bis Bombay und im Norden bis zur nepalesischen Grenze zu hören gewesen sein muß. Da war es für mich eigentlich keine Überraschung, von meiner Mutter zu hören, daß das erste Wort, das ich mit einiger Deutlichkeit aussprechen konnte, ›Zoo‹ hieß. Und seitdem habe ich es immer und immer wieder gesagt – oft mit Entzücken und oft mit Verzweiflung.

Dieses frühe Erlebnis löste in mir den Wunsch aus, meinen eigenen Zoo zu haben. Im Alter von zwei bis sechs Jahren sammelte ich von der Elritze bis zur Bohrassel alles, was ich finden konnte, bis in meinen Hosentaschen und in meinem Zimmer kaum noch Platz war. Mit Eifer bereitete ich mich auf den Tag vor, an dem ich meine eigene Tiersammlung besitzen würde. Dann übersiedelten wir nach Griechenland. Dort lebte ich in herrlicher Freiheit und konnte mich meiner Leidenschaft, wilde Tiere zu halten und zu studieren, ungehindert hingeben. Vom Uhu bis zum Skorpion war nichts vor mir sicher. Später, als wir nach England zurückkehrten, wurde mir klar, daß ich auch Erfahrungen im Umgang mit größeren Tieren haben mußte, wenn ich je einen eigenen Zoo gründen wollte. Doch Löwen, Büffel und Giraffen lassen sich beim besten Willen nicht mehr im Garten, im Zimmer oder gar in Hosentaschen unterbringen.

Ich bewarb mich also um eine Arbeit beim Whipsnade-Zoo, dem Gelände der Zoological Society of London in Bedfordshire. Ich hatte Glück und bekam einen Job als Lernpfleger. Der grandiose Titel bedeutete nichts anderes, als daß ich der Junge für alles war, der von einer Abteilung zur anderen geschoben wurde, je nachdem, wo man für die

Schmutzarbeit Hilfe brauchte. In vieler Hinsicht war das eine ideale Ausbildung; sie lehrte mich nämlich, daß die Arbeit mit Tieren zum größten Teil mühsam und schmutzig ist; sie vermittelte mir aber auch den Kontakt mit einer Reihe wunderbarer Geschöpfe, vom Emu bis zum Elefanten. Nachdem ich Whipsnade verlassen hatte, brachte ich die folgenden zehn Jahre damit zu, Tiere zu sammeln. Ich finanzierte und leitete zehn größere Expeditionen, um in verschiedenen Teilen der Welt Tiere für Zoologische Gärten zu erwerben.

Während meiner Zeit in Whipsnade und während meiner frühen Expeditionen erwachten in mir die ersten Zweifel an der Institution Zoologischer Gärten. Es waren nicht etwa Zweifel an ihrer Existenzberechtigung; ich glaubte damals, und ich glaube es noch heute, daß Zoologische Gärten sehr wichtige Einrichtungen sind. Meine Zweifel galten vielmehr der Art und Weise, wie manche Zoos geführt wurden, und sie galten vor allem der Richtung, an der sich die meisten Zoodirektoren orientierten: im Zoo eher einen Vergnügungspark als eine Stätte wissenschaftlicher Arbeit zu sehen. Bis zu dem Tag, als ich in Whipsnade anfing, hätte ich – zoobegeistert wie ich war – nicht gewagt, an einem Zoo auch nur die leiseste Kritik zu üben. Doch meine Erfahrungen in Whipsnade und später auf meinen Expeditionen, auf denen ich eine große Anzahl Zoologischer Gärten kennenlernte, weckten in mir eine immer stärker werdende Beunruhigung. In dem Maße, wie meine Erfahrungen zunahmen, wuchs auch meine Überzeugung, daß es in den Durchschnittszoos nicht nur eine Menge zu kritisieren gab, sondern daß es in der Tat auch wirklich kritisiert werden mußte, wenn die Zoologischen Gärten als die wertvollen Institutionen, die ich in ihnen sah, aus der Stagnation herausgeführt werden sollten, in die die meisten von ihnen offenbar versunken waren oder aus der sie seit ihrer Gründung nie herausgefunden hatten. Doch es ist billig, einen Seiltänzer zu kritisieren, wenn man nie selbst auf dem Seil gestanden hat, und deshalb war ich nun entschlossener denn je, meinen eigenen Zoo zu gründen.

Die Geringschätzung, die sich die Zoos in der öffentlichen Meinung eingehandelt hatten, wurde offensichtlich, wenn die Leute hörten, was ich vorhatte. Hätte ich beabsichtigt, eine Fabrik für Plastikflaschen, eine Popgruppe, ein Attraktionenlokal oder ein ähnliches unverkennbar dem Wohl der Menschheit dienendes Unternehmen aufzuziehen, so wäre ich zweifellos ihres vollen Verständnisses sicher gewesen. Aber einen Zoo? Einen Zoo, den man widerstrebend mit den Kindern aufsuchte,damit sie mal auf einem Elefanten reiten und sich an Eis überessen konnten? Ein Gefängnis für Tiere? Das konnte doch nicht mein Ernst sein! »Wieso ausgerechnet einen Zoo?« fragten sie.

Bis zu einem gewissen Grad verstand ich ihre Reaktion. Ihre Vorstellung von einem Zoo war ja grundverschieden von der meinen. Der Kern des Problems lag in der Tatsache, daß in der Vergangenheit – und selbst heute noch – nur wenige Menschen, ob es sich nun um Wissenschaftler oder Laien handelt, den Wert eines guten Zoologischen Gartens richtig zu schätzen wissen. Als wissenschaftliche Einrichtung wird der Zoo einfach nicht ernstgenommen, sein Potential an wertvollem Forschungsmaterial zur Erhaltung von Tierarten und zur Vermittlung von Wissen, wird viel zu wenig genützt. In hohem Maße haben die Zoologischen Gärten selbst diese Unwissenheit gefördert; zu viele unter ihnen ermutigen weiterhin alle Welt, den Zoo schlechthin als einen Vergnügungsbetrieb zu betrachten. Er mag nicht so beweglich und so amüsant sein wie ein Zirkus, aber seine wissenschaftliche Bedeutung liegt auf dem gleichen Niveau. Wissenschaft ist für die meisten Leute gleichbedeutend mit Langerweile, und mit Langerweile kann man keine Geschäfte machen.

Ein Zoologischer Garten kann Möglichkeiten bieten, mit denen keine andere ähnliche Einrichtung aufwarten kann. Im Optimalfall sollte er ein hochqualifiziertes Laboratorium, eine Bildungsstätte und eine Anlage zur Erhaltung der Tierwelt sein. Unser biologisches Wissen selbst über einige der am häufigsten vorkommenden Tiere ist beschämend gering, und gerade hier kann der Zoo, indem er vielfältige Informationen zusammenträgt, von unschätzbarem Wert sein. Daß dies der Erhaltung einer Tierart in freier Wildbahn nur dienlich sein kann, liegt auf der Hand; man kann jedoch von der Erhaltung einer Tierart erst reden, wenn man vom Verhalten dieser Tierart genügend Kenntnisse hat. Ein gutgeführter Zoologischer Garten sollte die Möglichkeiten zu derartigen Studien bieten.

Gewiß ist es wünschenswerter, ein Tier in freier Wildbahn zu studieren, aber es gibt viele Aspekte der Tierbiologie, die sich *leichter* im Zoo untersuchen lassen, und es gibt sogar Aspekte, die sich *nur* dann studieren lassen, wenn das Tier sich in einer kontrollierten Umwelt, wie eben einem

Zoo, befindet. Zum Beispiel ist es fast unmöglich, bei Tieren in freier Wildbahn die genaue Trächtigkeitsdauer zu errechnen oder das tägliche Wachstum und die tägliche Weiterentwicklung der Jungen zu verfolgen. Deshalb sind Zoologische Gärten – vorausgesetzt, die Tiere werden gründlich beobachtet und die Ergebnisse genau aufgezeichnet – ein unerschöpfliches Studierfeld und ein riesiges Reservoir wertvoller Informationen.

Auch in der Wissensvermittlung fällt dem Zoo eine bedeutende Rolle zu. Jetzt, da wir die Megalopolis, die Verstädterung des Landes, erfunden haben, ziehen wir eine neue Generation heran, die ohne Hund, Katze, Goldfisch oder Wellensittich in den zum Himmel aufragenden Särgen der Wohnsilos aufwächst; eine Generation, die glauben wird, daß die Milch aus dem Karton kommt, ohne Zutun von Gras und Kuh und dem komplizierten Prozeß zwischen beiden. Diese Generation oder ihre Nachkommen werden vielleicht nur noch im Zoo sehen können, daß es außer Menschen noch andere Geschöpfe gibt, die auf der Erde leben möchten.

Die Zoologischen Gärten sollten auf dem Gebiet der Arterhaltung wichtige Arbeit leisten, indem sie von den Tieren, die ihnen anvertraut sind, so viele wie möglich züchten, um so die Inanspruchnahme des Wildtierbestands zu verringern. Wichtiger ist jedoch, daß sie lebensfähige Zuchtgruppen jener Art aufbauen, deren Zahl in der freien Wildbahn beunruhigend geschrumpft ist. Viele Zoos haben das bereits mit Erfolg getan. Von den etwa tausend Tierarten, die gegenwärtig vom Aussterben bedroht sind, ist bei vielen der Bestand so stark reduziert, daß, abgesehen von der konventionellen Methode, sie unter Schutz zu stellen, die Entwicklung eines kontrollierten Zuchtprogramms eine unabdingbare Forderung sein muß. Die Leute, mit denen ich mich im Laufe der Jahre unterhalten habe – und dazu gehören auch Zoodirektoren –, scheinen von den Möglichkeiten und der Bedeutung der kontrollierten Zucht als Mittel zur Arterhaltung nur eine vage Vorstellung und von deren Notwendigkeit kaum eine Ahnung zu haben. In den letzten Jahren jedoch sind bei den fortschrittlichen Zoos und bei realistischen Umweltschützern »Zoobanken« für bestimmte Tierarten ins Gespräch gekommen. Nennen wir sie Tiefststand-Arten. Das bedeutet folgendes: Wenn der zahlenmäßige Bestand einer Art auf ein bestimmtes Niveau absinkt, dann sollten alle Anstrengungen gemacht werden, die Art in freier Wildbahn zu erhalten. Vorsichtshalber jedoch sollte in einem Zoo oder besser noch in einem Zuchtzentrum, das eigens zu diesem Zweck geschaffen wird, eine lebensfähige Zuchtgruppe herangezogen werden. Auf diese Weise bleibt die Art erhalten, ganz gleich, was in der freien Wildbahn geschieht. Und wenn die Art in der freien Wildbahn wirklich aussterben sollte, so hat man immer noch einen Zuchtkern und kann irgendwann in der Zukunft versuchen, die Tiere wieder dort anzusiedeln, wo sie früher gelebt haben.

Diese Zucht in Gefangenschaft hat mancher Tierart bereits geholfen, z. B. dem Davidshirsch, dem Wisent, dem Buntbock, der Hawaiigans. In diesen Fällen konnten die Tierarten durch die Zoos vor dem Aussterben bewahrt werden. Doch die Zoos, die solche Arbeit leisteten, waren in der Minderheit, und Hilfe gab es nur für einige Arten. Die Liste der Tiere, die zum Überleben Hilfe dieser Art brauchen, verlängert sich mit beunruhigender Geschwindigkeit. Für eine Reihe von Arten besteht die Gefahr, für immer vom Erdboden zu verschwinden, wenn dieser besonderen Form des Naturschutzes nicht viel mehr Aufmerksamkeit gezollt wird.

Die Zoos sollten sich dieser vordringlichen Arbeit in weit höherem Maße widmen als bisher. Und jeder Zoo, der neu gegründet wird, sollte in dieser Arbeit sein erstes Ziel sehen. Nicht noch mehr große, umfassende Zoos wären vonnöten, sondern kleinere, spezialisierte, die Zeit und Kraft auf die kontrollierte Zucht solcher Tierarten konzentrieren. Außerdem könnten hier Tiere aufgezogen werden, die weniger bekannt und weniger attraktiv sind und daher im allgemeinen gern vernachlässigt werden.

Die ganze Organisation, wie ich sie mir vorstellte, würde nicht nur ein Schutzgebiet, sondern auch eine Forschungsstation und Ausbildungsstätte sein. Die Haltung und die Zucht von Tieren, insbesondere von seltenen und empfindlichen Tieren, ist eine Kunst, die gelehrt und erlernt werden muß. Leider war es in der Vergangenheit so – und in vielen Zoos ist das auch jetzt noch der Fall –, daß die Leute, die angestellt wurden, um für die Tiere zu sorgen, ihre armseligen Talente besser anderswo eingesetzt hätten.

Mir schien klar auf der Hand zu liegen, daß ein Zoo, wie ich ihn schaffen wollte, dringend gebraucht wurde, doch gab es damals – und es gibt sie in geringerem Maß auch noch heute – beträchtliche Opposition von jenen

Leuten, die man als verbissene Naturschützer bezeichnen könnte. Es war schwierig, ihnen klarzumachen, daß die kontrollierte Zucht eine wünschenswerte und notwendige Ergänzung der konventionellen Methode des Naturschutzes ist, wie z. B. der Schaffung von Schutzgebieten, Nationalparks usw. Jahrelang war es so, daß man, wenn man dieses Thema vor einem illustren Kreis von Naturschützern zur Sprache brachte, angesehen wurde, als hätte man sich zu der Überzeugung bekannt, daß die Nekropohilie eine ideale Form der Bevölkerungskontrolle ist.

Die Vorstellung, daß Zoos nichts weiter wären als viktorianische Menagerien, saß so fest, daß es fast unmöglich war, jemanden davon zu überzeugen, daß ein Zoo auch ernste Ziele haben kann. Die Gegenargumente liefen immer auf das gleiche hinaus – daß alle Zoos schlecht geführt würden und nur wenige, wenn überhaupt welche, die Befähigung oder den Wunsch gezeigt hätten, den Naturschutz mit kontrollierten Zuchtprogrammen zu unterstützen. Die Zoos hätten vielmehr aufgrund ihrer unbekümmerten Einstellung – »von der Sorte gibt's noch eine ganze Menge« – zur ständigen Verringerung des Wildbestands beigetragen, indem sie immer wieder aus den Beständen schöpften, um solche Tiere ihrer Sammlung zu ersetzen, die ihnen aufgrund unglücklicher Umstände oder aus Nachlässigkeit gestorben waren. Es gäbe zu viele Zoos – so argumentierten die Naturschützer, die dem Naturschutz lauthals Lippendienst leisteten, ohne irgend etwas zu tun, was der Mühe wert gewesen wäre – zu viele Zoos, die in einem seltenen Tier nur einen Kassenschlager sähen, nicht aber seine Bedeutung vom Standpunkt des Naturschützers aus; zu viele Zoos, deren vielgepriesene ›Bemühungen um den Artenschutz‹ mit ernsthafter Naturschutzarbeit etwa so viel Ähnlichkeit hätten wie eine Blumenkastenkultur mit einem Aufforstungsprogramm.

Es ist traurig, daß diese Beanstandungen zum großen Teil zutreffend waren und noch sind. Mein Vorschlag, nicht noch mehr Zoos im landläufigen Sinn einzurichten, sondern spezialisierte Zoos mit sorgfältig ausgearbeiteten Zuchtprogrammen zum Schutz der vom Aussterben bedrohten Tierarten, fand taube Ohren.

In dieser Atmosphäre bedurfte es schon einer harten Entschlossenheit, einen Zoo zu gründen, auch wenn man die feste Absicht hatte, ihn ganz anders aufzubauen als die meisten, die schon existierten. Ich kam jedoch zu der Überzeugung, daß es sinnlos war, auf die Befürwortung der

Naturschützer zu warten. Das einzige, was ich tun konnte war: auf eigene Faust einen spezialisierten Zoo gründen und sehen, ob die Sache klappt.

Ich war nicht so euphorischer Stimmung, daß ich eine wichtige Tatsache übersehen hätte. Selbst wenn mein Vorhaben gelang, würde mein Unternehmen nur ein Rädchen in der komplizierten Maschinerie des Naturschutzes sein. Ein Rädchen jedoch, das bisher gefehlt hatte – ein, wie ich glaubte, sehr kleines, aber wichtiges Rädchen war das Fundament in klingender Münze. Mein Problem lag darin, daß ich etwas schaffen wollte, das keinen Gewinn bringen konnte und würde. Wenn nämlich das Vorhaben gelingen sollte, dann mußte jeder Penny, der in die Kasse fiel, wieder in das Unternehmen hineingesteckt werden. Bei einem Durchschnittsbuchhalter ruft die Vorstellung, daß man sich Geld leihen möchte, um etwas aufzubauen, das keinen Gewinn bringt, alle Symptome eines Nervenzusammenbruchs hervor. Auf Bankdirektoren hatten meine hochfliegenden Pläne eine noch abträglichere Wirkung. Bis dahin hatte ich keine Ahnung gehabt, was für ein unwahrscheinlich skeptisches Gesicht ein Bankdirektor haben kann.

Ein Hoffnungsstrahl jedoch durchdrang die Düsternis. Man versicherte mir, daß die Bank über ein Darlehen mit sich reden ließe, wenn ich eine Sicherheit stellen könnte, aber gleichzeitig machte man mir höflich und durch die Blume klar, daß man es für das ratsamste hielt, wenn ich nach Hause ginge, mich in ein heißes Bad setzte und mir die Pulsader aufschlitzte. Zumindest war das der Kern dessen, was man mir sagte. Ich ignorierte es.

Was aber hatte ich als Sicherheit zu bieten? Ganz so problematisch, wie die Frage auf den ersten Blick schien, war sie jedoch nicht; ich hatte nur eines, was im weitesten Sinn als Sicherheit bezeichnet werden konnte, und das war meine Schriftstellerei. Gewiß keine sehr handfeste Sicherheit, aber nach drei erfolgreichen Büchern sah ich keinen Grund, warum ich nicht noch weitere schreiben sollte. Warum also nicht auf diese noch ungeborenen Werke ein Darlehen aufnehmen? Erfreut über die Entdekkung, daß ich mehr Geschäftssinn besaß, als ich geahnt hatte, machte ich mich auf den Weg zu meinem damaligen Verleger, Rupert Hart-Davis, und legte ihm des langen und breiten meine Pläne dar. Mein Plädoyer war so zwingend, daß der arme Rupert benebelt erklärte, er würde für eine Summe von 25 000 Pfund die Bürgschaft leisten, vorausgesetzt, ich schlösse über diesen Betrag eine Lebensversicherung ab, für den Fall, daß ich von einem Löwen verschlungen würde, ehe ich das Darlehen zurückzahlen konnte. Ich schloß die Versicherung ab.

Jetzt, da die finanzielle Basis vorhanden war, stellte sich das nächste Problem: wo sollte mein Idealzoo errichtet werden? Am liebsten hätte ich eine wissenschaftliche Forschungs- und Zuchtstätte aufgebaut, die der Öffentlichkeit nicht zugänglich war; doch ich wußte, daß das nicht ging. Wir brauchten Besucher, um von den Eintrittsgeldern die Unterhaltskosten bestreiten und das Darlehen zurückzahlen zu können. Der Zoo mußte deshalb an einem Ort errichtet werden, wo entweder eine dichte Bevölkerung vorhanden war oder mit einem starken Zustrom von Touristen gerechnet werden konnte.

Mein erster Gedanke galt Bournemouth. Es schien mir in jeder Hinsicht ideal. Ich habe an anderer Stelle von meinen Kämpfen berichtet, mein Vorhaben in Bournemouth und später in der Nachbarstadt Poole zu verwirklichen. Ich werde die traurige Geschichte hier nicht wiederholen. Es dürfte reichen, wenn ich sage, daß ich bei beiden Stadträten auf soviel Kurzsichtigkeit und Gleichgültigkeit stieß, daß ich alle Versuche, an der Südküste Englands anzufangen, aufgab. Ganz England, so schien es mir, stand unter dem Regiment engstirniger Paragraphenreiter. Da die Lage in England hoffnungslos schien, schweifte ich in die Ferne. Was ich brauchte, sagte ich mir, war ein kleines Gebiet, das seine eigenen Regeln und Vorschriften hatte. So abwegig, wie diese Vorstellung auf den ersten Blick aussah, war sie jedoch nicht. Zwei Möglichkeiten kamen mir da sofort in den Sinn: die Insel Man im Irischen Meer und die Kanalinseln, die im Ärmelkanal liegen, näher an Frankreich als an England. Beide Gebiete haben ihre eigene Regierung. Nach eingehender Erkundigung schaltete ich die Insel Man aus; sie liegt zu weit nördlich, das Klima wäre für mein Vorhaben nicht günstig gewesen. Jersey, die größte der Kanalinseln, schien mir geeigneter. Aber die Sache hatte einen Haken: Ich kannte auf der Insel nicht eine Menschenseele.

Wieder wandte ich mich an meinen geplagten Verleger Rupert, und wieder kam er mir zu Hilfe. Er gab mir ein Einführungsschreiben an einen Major Fraser mit, der auf der Insel lebte und sich bereit erklärt hatte, mir zu helfen, ein geeignetes Grundstück auf der Insel zu suchen. Meine Frau Jacquie und ich flogen also nach Jersey. Major Fraser holte uns vom

Flugplatz ab und fuhr sogleich mit uns kreuz und quer über die Insel. Doch alle besichtigten Grundstücke waren für unser Vorhaben ungeeignet. Ziemlich entmutigt fuhren wir mit dem Major zum Mittagessen in sein Haus. Er lebte im Les Augres Manor, einem Herrenhaus, das aus dem herbstfarbenen Granit erbaut war, den man auf der Insel findet. Das Haus hatte einen großen, von einer Mauer umschlossenen Garten und einen Hof, den man durch zwei wunderschöne alte Torbogen aus dem 15. Jahrhundert betreten konnte. 35 Morgen sanft gewellten Ackerlands umgaben den Komplex. Ein Blick genügte mir; ich wußte, daß dies genau das Gelände war, das ich suchte. Es fiel mir jedoch schwer, meinem Gastgeber vorzuschlagen, er möge freundlichst das Haus seiner Ahnen räumen, um meinem Zoo Platz zu machen. Schließlich brachte ich, so taktvoll wie möglich, das Thema doch aufs Tapet. Zu meiner Überraschung hörte ich, daß der Major vorhatte, nach England zu ziehen, da ihm der Unterhalt von Les Augres einfach zu teuer war. Er war sofort damit einverstanden, mir das Gelände zu verpachten und räumte mir die Option zu späterem Kauf ein.

Wir suchten die zuständigen Behörden auf, die echten Enthusiasmus für mein Vorhaben zeigten. Und innerhalb von drei Tagen hatte ich also das Grundstück gefunden, das ich suchte, hatte sämtliche Genehmigungen, die notwendig waren, und hatte den Segen der Regierung von Jersey. Innerhalb von drei Tagen hatte ich geschafft, was in monatelangen Kämpfen mit den Bürokraten in England nicht gelingen wollte.

Im Anfangsstadium war der Zoo eine ziemlich provisorische Angelegenheit. Die Tierbehausungen waren vom Aussehen her noch nicht das, was wir wünschten; wir hofften, sie erneuern zu können, sobald unsere finanzielle Lage das gestattete.

Während der Zoo langsam aufgebaut wurde, mußte ich immer noch meinen Lebensunterhalt verdienen und außerdem versuchen, genug Geld zu machen, um das Darlehen zurückzuzahlen. Natürlich mußte ich weitere Expeditionen unternehmen, doch das störte mich nicht, da ich ja zum erstenmal genau wußte, was die Tiere in meinem eigenen Zoo – in bezug auf Behandlung und Unterbringung erwartete. Allerdings bedeutete es auch, daß ich den Zoo in seinem frühen Embryonalstadium in den Händen anderer zurücklassen mußte. Und das war, wie ich nach meiner Rückkehr feststellte, ein katastrophaler Fehler. Mir wurde sehr rasch klar, daß ich die Pläne für die nächste Expedition fallenlassen und die Führung des Zoos selbst übernehmen mußte, wenn ich vermeiden wollte, daß wir bankrott gingen. Die folgenden zwei Jahre waren äußerst anstrengend; nicht nur, weil es notwendig wurde, zusätzliche Gelder aufzunehmen, um den Zoo vor einem frühen Tode zu bewahren, sondern weil ich weiterhin schreiben mußte, um für meinen Lebensunterhalt zu sorgen.

Die nunmehr unangenehm hohen Schulden zurückzuzahlen, war eine schwere Bürde für uns geworden. Es war ein Glück, daß wir in dieser Zeit des Anfangs eine Gruppe von Helfern hatten, die ihre Arbeit liebten und sich nicht scheuten, überall anzupacken. Aufgrund unseres finanziellen Dilemmas mußte ich ihnen eines Tages sagen, daß wir nicht mehr wüßten, ob wir durchkämen, und daß es für sie zweifellos besser wäre, wenn sie gingen und sich eine Arbeit suchten, wo man ihnen einen anständigen Lohn zahlte und eine gewisse Sicherheit für die Zukunft böte. Zu ihrer großen Ehre muß gesagt werden, daß sie alle blieben. Nach harten Zeiten also, nach vielen dunklen Momenten, wo wir buchstäblich nicht wußten, ob wir bis zum Ende der Woche überleben würden, gelang es uns schließlich, das Schiff auf Kurs zu bringen. Langsam zunächst, dann mit wachsendem Schwung begann der Zoo zu wachsen und sich zu entwikkeln. Drei Jahre lang arbeiteten wir hart daran, das Fundament zu legen, auf dem wir aufbauen konnten.

Jetzt war das Unternehmen in Sicherheit. Allein von den Eintrittsgeldern hätte es jahrelang weiterexistieren können – nichts weiter als ein einfacher, kleiner Zoo. Aber das war es ja nicht, was mir vorgeschwebt hatte, als ich ihn gründete. Von diesen kleinen ›Hintergarten‹-Zoos, die keinerlei nützliche Funktion erfüllten, gab es genug. Wenn der Zoo sich zu dem entwickeln sollte, was ich geplant hatte, dann brauchte er finanzielle Unterstützung von außen. Und das war nur zu erreichen, wenn man ihn in eine wissenschaftliche Stiftung umwandelte.

Es sollte sich dabei um eine Stiftung handeln, die als gemeinnütziger Verein keine Steuern zahlen mußte. Ein Stab von Anwälten und Finanzfachleuten arbeitete die Statuten der Stiftung aus. Wir beschlossen, sie den Jersey Wildlife Preservation Trust zu nennen. Die Ziele der Stiftung waren folgende:

1. Auf der ganzen Welt das Interesse am Naturschutz zu fördern;

2. Unter kontrollierten Bedingungen Zuchtgruppen verschiedener Tierarten heranzuziehen, die auf freier Wildbahn vom Aussterben bedroht sind;
3. Sonderexpeditionen zu organisieren, um ernstlich bedrohte Tierarten zu retten;
4. In eingehenden Studien der Biologie dieser Arten Informationen zu sammeln und auszuwerten, die dem Schutz der gefährdeten Tiere dienen würden.

Die ersten Mitglieder der Stiftung fanden sich auf recht merkwürdige Weise zusammen. Schon als ich zu schreiben begann, hatte ich mit dem Gedanken gespielt, einen Zoo zu gründen und dann in eine Stiftung umzuwandeln; im Laufe der Jahre hatte ich deshalb alle beifälligen Schreiben, die ich bekam, sorgsam aufgehoben. Ich meinte, daß Leute, denen meine Bücher gefielen und die sich die Mühe machten, mir darüber zu schreiben, wahrscheinlich auch willens sein würden, der neuen Stiftung als Gründungsmitglieder beizutreten. Als nun die Stiftung ins Leben gerufen war, schrieb ich persönlich an alle diese Leute und fragte an, ob sie bereit wären, uns zu unterstützen. Zu meiner Freude sagte die Mehrzahl zu. Auf diese Weise bildeten sie den Kern der Mitgliedschaft.

Ein letztes Problem gab es noch, ehe die Stiftung den Zoo übernehmen konnte: die Schulden, die ich eingegangen war, um den Zoo zu gründen. Mir war klar, daß eine solche Stiftung, wenn sie lebensfähig sein und sich zu einer wissenschaftlichen Organisation von Bedeutung entfalten wollte, ihr Leben nicht mit einer Schuldenlast von fünfunddreißigtausend Pfund beginnen konnte. Da gab es nur eines zu tun: Ich übernahm die Schuld persönlich. Somit konnte ich, als die rechtlichen Formalitäten erledigt waren und die Stiftung ins Leben trat, den Zoo und alles, was dazugehörte, schuldenfrei übergeben.

Seit jenem Tag vor zwölf Jahren hat sich die Stiftung zu einem gesunden Kind entwickelt. Ich sage Kind, weil wir immer noch einen langen Weg vor uns haben; aber in diesen Jahren haben wir einen soliden Grundstein gelegt, auf dem wir aufbauen können. Die ursprüngliche Tiersammlung, eine gewöhnliche, gemischte Zookollektion, ist größtenteils durch lebensfähige Zuchtgruppen gefährdeter Arten ersetzt worden, so daß der Bestand heute aus einer größeren Zahl von Vertretern einiger Arten besteht, indes die Zahl der in unserem Zoo vorhandenen Tierarten abgenommen hat. Und genau so soll es sein. Auf dem Gebiet der Zucht haben wir – wenn man die Größe unseres Zoos bedenkt – Achtbares geleistet; eine Anzahl von Arten konnte bei uns zum erstenmal in Gefangenschaft gezüchtet werden, was beweist, daß wir neue Verfahren meistern. Außerdem züchten wir eine große Zahl seltener und gefährdeter Arten. Unser wissenschaftliches Aufzeichnungssystem hat sich zu einem Instrument von großer Wichtigkeit entwickelt; es dient als Grundlage unseres Jahresberichts, eines wertvollen wissenschaftlichen Dokuments, das an alle Mitglieder geht. Unser Tierbestand in Les Augres ist bis heute von mehr als zwei Millionen Besuchern besichtigt worden, und die Zahl der Mitglieder unserer Stiftung wächst von Jahr zu Jahr. Und von Jahr zu Jahr wächst auch unsere wissenschaftliche und finanzielle Kraft.

Vor kurzem erst war ich in Amerika, um den Wildlife Preservation Trust International zu gründen, eine Schwesterorganisation, die es uns ermöglichen wird, unseren Arbeitsbereich auf dem Gebiet des Naturschutzes zu erweitern. Schon jetzt unterstützt diese Organisation uns nicht nur in Jersey, sondern gestattet uns, unsere Unternehmungen über die ganze Welt auszudehnen. Der Jersey Trust hat zusammen mit seiner amerikanischen Schwesterorganisation bedeutsame Arbeit in verschiedenen Teilen der Welt geleistet. Mit Rat und finanziellen Mitteln haben wir verschiedene Projekte unterstützt, wie z. B. die Zucht des wiederent-

deckten Zwergwildschweins, der verschiedenen gefährdeten Papageienarten von den Kleinen Antillen, und wir haben Rettungsexpeditionen z. B. nach Sierra Leone und nach Mexiko unternommen, um Zuchtgruppen solcher gefährdeter Arten wie des mexikanischen Vulkankaninchens aufzubauen.

In Jersey heißen wir immer noch schlicht und einfach ›der Zoo‹. So soll es ruhig sein, aber wir sind ein Zoo, der sich von anderen unterscheidet. Unser Zoo hat sehr klare Ziele und eine sehr klare Vorstellung davon, welche Rolle der Zoo beim Naturschutz und in der wissenschaftlichen Forschung spielen sollte. In dieser Hinsicht sind wir noch immer eine einzigartige Organisation, die ihre ganze Zeit, ihr ganzes Geld und alle ihre Energien darauf verwendet, Tiere in Gefangenschaft zu züchten, um ihre Arten vor dem Aussterben zu schützen. Wir predigen diese Form des Naturschutzes nicht nur, wir üben sie auch aus. In diesem Buch will ich versuchen, ihnen zu zeigen, wo wir Erfolg gehabt haben, wo wir versagt haben, und was wir in den Jahren, die vor uns liegen, noch zu erreichen hoffen.

Kapitel Zwei

»Nicht die genaue Nachahmung des natürlichen Lebensraumes kann die Ideallösung im Zoo sein, sondern die biologisch sinnvolle Transposition der natürlichen Verhältnisse in die künstlichen des Zoos.«

HEINI HEDIGER – *Mensch und Tier im Zoo*

»Kleine Räume oder Behausungen führen den Geist auf den rechten Weg; große führen ihn in die Irre.«

LEONARDO DA VINCI

»In jedem Falle führt Vermenschlichung zu bedenklichen Mißverständnissen. Eines der häufigsten, die sich immer noch feststellen lassen, besteht darin, in den Tieren Gefangene zu sehen. Das ist so falsch und unzeitgemäß, wie wenn in unserem Zeitalter jemand glauben würde, im Radio- oder Fernsehapparat steckten kleine Menschlein, welche da sprechen, singen oder tanzen.«

HEINI HEDIGER – *Mensch und Tier im Zoo*

»Mancher New Yorker verbringt sein ganzes Leben innerhalb eines Bereichs, der kleiner ist als ein Dorf. Er braucht von seiner Ecke aus nur zwei Blocks weiterzugehen und er befindet sich in einem fremden Land und ist voller Unbehagen, bis er wieder zurück ist.«

E. B. WHITE

Der goldene Käfig

Jeder, der zoologische Gärten kennt, muß, wenn auch widerstrebend, zugeben, daß von Kunst bei der Zooarchitektur herzlich wenig zu sehen ist. Beim Bau eines Zoos verhält sich der Durchschnittsarchitekt wie ein Kind mit seinem ersten Baukasten; er produziert, wenn man ihn sich selbst überläßt, Gebäude, die kaum zu gebrauchen sind.

Das Hauptproblem bei der Zooarchitektur liegt auch heute noch größtenteils in der Tatsache, daß die Käfige und Gehege von Menschen für *Menschen* entworfen werden. Wenn aber Gebäude für einen Tierpark entworfen werden sollen, dann müßten vier Punkte in Betracht gezogen werden, und zwar in dieser Reihenfolge:

1. die Bedürfnisse des Tieres,
2. die Bedürfnisse der Person, die das Tier versorgt,
3. das Publikum, das das Tier sehen möchte und
4. die ästhetischen Vorstellungen des Architekten sowie des Gärtners, der die Anlage pflegen soll.

Wenn man sich in einem Zoo umsieht, wird man viel zu häufig feststellen, daß beim Entwurf diese Reihenfolge auf den Kopf gestellt wurde. Auf diese Weise ist dann ein Gebäude erstellt worden, das vielleicht ein architektonischer Traum ist und vom Gesichtspunkt des Publikums aus wunderbar, für das Tier aber und das Personal völlig unbrauchbar. Es handelt sich hier, wenn ich einmal ein Wort prägen darf, um ›anthropomorphe Architektur‹. Ihr Zustandekommen hat zweierlei Gründe:

Erstens: Der Architekt weiß genau, was er und das Publikum wollen; nämlich etwas Großes und Schönes – einen Bau, der das schlechte Gewissen über die eingebildeten Leiden des Tiers in Gefangenschaft beruhigt. Aber er und das Publikum wissen *nicht*, was das Tier sich wünscht, und da im allgemeinen zwischen dem Architekten und den Leuten, die für das Wohl des Tieres verantwortlich sind, absolute Funkstille zu herrschen scheint, werden dann diese architektonischen Monstrositäten geboren.

Es wäre natürlich einfältig zu erwarten, daß jeder Zoo-Architekt eine zoologische Ausbildung besitzt; aber es ist zweifellos von Nutzen, wenn der Architekt den Unterschied zwischen einer Giraffe und einer Haselmaus kennt. In den meisten Fällen scheint es – nach dem Endprodukt zu urteilen – so zu sein, daß der Architekt seinen Auftrag bekommt und sich dann daran macht, einen Bau zu entwerfen, den er für architektonisch optimal hält. Ob der Bau auch für das Tier und das Personal das beste ist, das zieht er kaum oder gar nicht in Betracht. Es gibt viel zu viele moderne Zoobauten und -käfige, die für die Tiere, die in ihnen leben, absolut nicht das Ideale sind; sonderbarerweise jedoch sind es selten diese Behausungen, solange sie nur sauber sind, die vom Publikum kritisiert werden. Aufgrund dieser Einstellung sahen sich viele Zoos gezwungen, immer größere Häuser und Käfige für Tiere zu bauen, die in vielen Fällen allenfalls ein Fünftel des ihnen zur Verfügung stehenden Raums ausnutzen und sich auf kleinerem Raum wahrscheinlich wesentlich geborgener fühlen würden.

Ich erinnere mich an einen Besuch in einem nagelneuen Elefantenhaus, den ich mit einem Zoodirektor vom Kontinent unternahm. Dieser Mann war der Auffassung, daß bei jedem Auftrag an einen Zooarchitekten, ein Tierhaus zu bauen, das Tier als Kunde anzusehen ist, und daß die Bedürfnisse des Tieres von entscheidender Bedeutung sind. Lange Zeit standen wir schweigend da und betrachteten das monströse neue Gebäude. Schließlich brach mein Begleiter die Stille:

»Wofür ist das?« fragte er im Flüsterton.

»Elefanten«, antwortete ich kurz.

»Elefanten?« echote er und riß voller Bestürzung die Augen auf. »Elefanten? Aber warum hat es diese Form? Warum die vielen Spitzen da oben? Was tun die da?«

»Das ganze Gebäude ist dem Architekten zufolge die Darstellung einer Gruppe von Elefanten an einem Wasserloch«, erklärte ich.

Mein Bekannter drückte entsetzt die Augen zu und knurrte in einem der weniger bekannten serbokroatischen Dialekte einen Fluch über alle Architekten. Das einzige Wort, das klar und deutlich zu verstehen war, war das Wort Architekt, und es wurde mit einer Giftigkeit hervorgestoßen, die einer zischenden Schlange Ehre gemacht hätte.

Wir gingen hinein. Es war etwa so, als beträte man eine deformierte Kathedrale. Mein Begleiter musterte den verhältnismäßig kleinen Raum, den man den Tieren gelassen hatte, und das riesige Labyrinth von

Gängen, das für das Publikum reserviert war. Dann schweifte sein Blick in die Höhe, dort hinauf, wo die Glocken hätten hängen müssen, wenn der Bau eine Kathedrale gewesen wäre. Er schauderte.

»Warum die Dach so hoch?« fragte er mich, unter dem Schock dieser architektonischen Mißgeburt seine mühsam angelernte englische Grammatik vergessend. »Warum die Dach so hoch, hm? Sie glauben vielleicht, Elefanten manchmal in der Nacht da hinauffliegen und Wetterhahn spielen wollen?«

Sehen Sie sich um in den Zoos dieser Welt und Sie werden überall diese architektonischen Fehlleistungen finden. Unglücklicherweise vollbringen Architekten sie im Schweiße ihres Angesichts auch heute noch. Seit Jahren geht man an den Bau von Käfigen, Tierhäusern- und gehegen unter ganz falschen Voraussetzungen heran. Es gibt einige Zoos, wo sich das geändert hat, aber diese Fälle sind leider allzu selten. Werden heute Bauten oder Anlagen für einen Zoo entworfen, lautet die erste Frage nicht: »Was braucht das Tier?«, sondern »Was gefällt dem Publikum?« In einem gut geführten Tierpark sollte für folgendes gesorgt sein:

1. Ein Gehege, das ein für das Tier geeignetes Territorium darstellt und eine Schutzzone bietet, wohin sich das Tier zurückziehen kann, wenn es unter Streß steht;
2. Einen oder mehrere Gefährten, die das Tier als geeignet betrachtet;
3. Angemessene nahrhafte Kost, die das Tier interessant findet;
4. Abwechslung, so daß möglichst wenig Langeweile aufkommt, d. h. ›Mobiliar‹ in Käfigen und, wenn möglich, ein oder zwei Nachbarn, mit denen sich die Tiere aufregende, erbitterte, aber unblutige Gefechte und Zankereien liefern können.

Doch dank der anthropomorphen Einstellung des Publikums haben wir immer noch diese entsetzlichen Tierhäuser, moderne Equivalente der Affentempel der Hindus, die so beliebt waren in den Zoos des neunzehnten Jahrhunderts und in denen so viele unglückliche und undankbare Rhesusaffen sich zu Tode fröstelten.

Die Anteilnahme der Öffentlichkeit an den in Gefangenschaft lebenden Tieren ist lobenswert, aber in den meisten Fällen zielt sie in die falsche Richtung. Kaum prangern die Leute jene Dinge im Zoo an, die sie anprangern sollten; aber sie regen sich lautstark über Dinge auf, die für das Tier völlig unwichtig sind.

Die Leute sagen, es ist unrecht, Tiere einzusperren; es ist unrecht, sie gefangenzuhalten; es ist unrecht, ihnen ihre Freiheit zu rauben. Selten, wenn je, kritisieren sie den Käfig selbst; die Idee des Käfigs ist es, gegen die sie etwas haben. Die Entdeckung, daß verschiedenartige Tiere Territorien unterschiedlicher Größe haben, die je nach Tierart von einigen Quadratmetern bis zu einigen Quadratkilometern reichen können, genauso wie auch Menschen Gärten, Parks, Landkreise und Länder haben, ist relativ neu, und wir wissen noch nicht viel darüber. Doch gerade diese Tatsache ist es, die berücksichtigt werden muß, wenn man einen Käfig oder ein Haus für ein Tier plant. Man beraubt das Tier nur bedingt seiner Freiheit, denn im Zoo kann es in einer Art natürlichen Käfigs leben, und das Wort ›Freiheit‹ hat für ein Tier nicht die gleiche Bedeutung wie für einen liberalen *homo sapiens*, der sich den Luxus abstrakter Vorstellungen leisten kann. Tatsächlich verhält es sich so, daß man dem Tier sein *Territorium* nimmt, und deshalb muß man große Sorge dafür tragen, ihm einen angemessenen Ersatz zu geben, sonst sitzt man mit einem gelangweilten, kranken oder toten Tier da.

Das, was einen Käfig zum Territorium macht, kann eine scheinbare Nebensächlichkeit sein; mit der Größe des Käfigs braucht das nichts zu tun zu haben, es kann die Form des Käfigs sein oder die Art seiner Ausstattung. Die Anzahl von Ästen, ein kleiner Teich, ein Fleckchen Sand oder ein Stück Baumstamm kann für das Tier den entscheidenden Unterschied ausmachen, ob es diesen Raum als sein Territorium betrachtet und nicht lediglich als einen Ort, wo es für den Rest seines Lebens dahinvegetieren muß. Wie ich schon sagte, die Größe des Raumes ist nicht von entscheidender Bedeutung. Da eben liegen die Leute falsch, die den Zoo in dieser Hinsicht kritisieren, sie haben wenig Ahnung davon, wie scharf abgegrenzt der Lebensbereich der meisten Tiere ist. Im Vergleich mit der Monotonie des täglichen Einerlei vieler Wildtiere würde sich die Existenz eines Bankangestellten, der Tag für Tag mit dem Vorortzug zwischen Heim und Arbeitsstätte hin- und herpendelt, wie ein Kapitel aus ›Tausendundeiner Nacht‹ ausnehmen. Daß manche Tiere ihr ganzes Leben in einem winzigen Gebiet verbringen, übersteigt im allgemeinen das Vorstellungsvermögen der Menschen. In vielen Fällen leben, kopulieren und sterben Tiere in einem Gebiet, das relativ klein ist, und ziehen von dort nur fort, wenn irgendein wichtiges Attribut fehlt.

Am Rande eines Lagerplatzes, den ich im westafrikanischen Regenwald aufgeschlagen hatte, wuchsen drei Bäume, die dicht von Epiphyten und Lianen überwuchert waren. Diese Bäume, von denen jeder etwa zehn Meter hoch war und die sehr dicht beieinander standen, waren für ein mittelgroßes Eichhörnchenpaar die ganze bekannte Welt. In diesem winzigen Gebiet hatten sie alles, was sie brauchten. Sie hatten Früchte und Schößlinge und Insekten zu fressen, sie hatten Wasser zu trinken, kleine Tau- und Regenpfützen, die sich in den Vertiefungen ansammelten, wo die Äste mit den Stämmen der Bäume zusammenstießen. Und schließlich, das darf nicht übersehen werden, hatten sie einander. Vier Monate lebte ich in diesem Lager. Von der Morgendämmerung bis zum Sonnenuntergang waren die Eichhörnchen zu beobachten. Nicht einmal habe ich gesehen, daß sie die drei Bäume verließen, außer wenn es galt, Eindringlinge ihrer eigenen Art zu vertreiben.

Die drei wesentlichen Dinge, die diese kleinen Nagetiere hatten, waren dieselben drei, von denen höchstwahrscheinlich das Leben aller Tiere bestimmt wird: der Trieb, sich fortzupflanzen und das Bedürfnis zu essen und zu trinken. Diesen drei Dingen entspringt der Anspruch auf ein Territorium, und das Territorium ist eine Art natürlichen Käfigs. Ich will damit nicht sagen, daß Kritik an der Gefangenschaft von Tieren falsch ist; ich sage nur, daß die meisten Leute aus den falschen Gründen kritisieren. Die anthropomorphe Einstellung ist es, die so fatal ist.

Wenn man Expeditionen unternimmt, um Tiere zu sammeln, lernt man eine Menge über das Territorium und auch über die Fluchtdistanz der Tiere. Mit ›Fluchtdistanz‹ bezeichnet man die Entfernung, auf die ein Tier einen Feind herankommen läßt, ehe es flieht. Alle Tiere, selbst der Mensch, haben eine solche Fluchtdistanz. Wenn Sie es mir nicht glauben, dann gehen Sie mal auf eine Weide, wo ein Stier grast und stellen Sie selbst ihre eigene Fluchtdistanz fest. Die schwierigste Aufgabe, vor die man sich gestellt sieht, wenn man ein frisch gefangenes wildes Tier hat, ist die, dem Tier beizubringen, daß es seine Fluchtdistanz verringert – man selbst ist ja der Feind und ständig in nahem Kontakt mit ihm. Man muß ihm außerdem ein neues Territorium beschaffen.

Nehmen wir beispielsweise ein Eichhörnchen. Wenn man ein Eichhörnchen, das man eben gefangen hat, in eine simple Holzkiste mit einer Maschendrahttür setzt – und so sehen die meisten Reisekäfige aus –, dann wird das Tier jedesmal, wenn man in seine Nähe kommt, voller Angst wie verrückt herumspringen. Und das wird Monate so gehen, vielleicht sogar immer, und zwar aus dem einfachen Grund, weil ihm mit einem Schlag seine Fluchtdistanz und sein Territorium genommen wurden. Es kann den riesigen Menschenhänden nicht entrinnen, wenn diese in seine Liliputwelt eindringen, um Futter zu geben und den Käfig zu säubern.

Nun setzen wir dasselbe Eichhörnchen in dieselbe Kiste, die diesmal jedoch an einem Ende mit einem Schlafraum versehen ist. Dieser Schlafraum ist erreichbar durch ein Loch, das gerade groß genug ist, um das Eichhörnchen hindurchschlüpfen zu lassen. Augenblicklich ändert sich das Bild. Jetzt hat das Tier eine Schutzzone, in die es sich zurückziehen kann, wenn man in sein Territorium eindringt. Aus der Geborgenheit seines Schlafraums kann es, wenn auch nicht mit Gleichmut, so doch ohne allzu große Beunruhigung, beobachten, wie sein Käfig gereinigt wird, wie die alten Früchte herausgenommen und frische hineingelegt werden, wie die Wasserschalen frisch gefüllt werden. Es ist natürlich wichtig, daß man diese Schlafzone zunächst möglichst unberührt läßt, um auf diese Weise das Vertrauen des Tieres aufzubauen. Manchmal allerdings ist das leichter gesagt als getan; manche Tiere nämlich sind, wie manche Menschen, entsetzliche Hamster und schleppen gewissenhaft alles Futter, das ihr Magen nicht aufnehmen kann, von dem sie aber überzeugt sind, daß sie es später einmal gebrauchen können, in ihren Schlafraum. Wenn der Geruch nach verfaulenden Futterresten allzu durchdringend wird, muß man in den Schlafraum eindringen und ihn säubern, aber je länger man das hinauszögern kann, desto besser ist es.

Wenn das Tier sich einmal eingelebt hat, dann wird es sich auf Ihr periodisches Eindringen in seinen Schlafraum sogar freuen, denn das bedeutet ja, daß es nun einen frischen Vorrat an Bananenblättern und Gras bekommt, und gleichzeitig ziehen winzige Insekten ein, die man verspeisen kann, Gerüche aus der Außenwelt, die beschnüffelt und begutachtet werden wollen und schließlich noch die Aufregung und Aktivität, die das Bettenmachen nun einmal mit sich bringt.

Ich habe festgestellt, daß diese Schlafraummethode sich bei den meisten kleinen Säugetieren ausgezeichnet bewährt. Ein wildes Eichhörnchen lebte sich so gut ein, daß es nach drei Tagen, als ich seinen Schlafraum reinigen mußte, tatsächlich hereinkam und anfing, die Bananenblätter zu zerreißen und sein Bett zu richten, während ich sie noch hineinschob.

Im Fall eines äußerst angriffslustigen und stimmkräftigen Zwergichneumons war es so, daß dieser innerhalb von zwei Stunden nicht nur seinen Schlafraum als unantastbar betrachtete, sondern seinen ganzen Käfig. Er nahm den Käfig augenblicklich als sein Territorium an und verteidigte es mit dem wütenden Ingrimm eines verwundeten Tigers. Nur mit List und Schläue gelang es, ihn an ein Ende des Käfigs zu drängen, damit ich am anderen Ende Futter und Wasser hineingeben konnte, ohne Gefahr zu laufen, daß er mir eine Fingerarterie aufbiß.

Die Größe des Reisekäfigs wird von der Überlegung bestimmt, daß es sicherer ist, Tiere in kleineren Käfigen zu transportieren. Wenn nämlich die Käfige von ungelernten Kräften verladen oder gehandhabt werden – und das ist leider häufig der Fall – und infolge von Unvorsichtigkeit fallengelassen werden, dann ist die Gefahr, daß das Tier dabei verletzt wird, bei einem kleineren Käfig weit geringer. Obwohl ein solcher Käfig wenig Raum bietet, stellt man im allgemeinen fest, daß ein Tier, das einige Monate lang in diesem Käfig gehaust hat, daraus ein solches Gefühl der Geborgenheit zieht, daß es oftmals bei Ankunft im Zoo sich weigert, seinen Käfig mit einem weiträumigeren Quartier einzutauschen. Der Reisekäfig ist ihm zum Territorium geworden, es fühlt sich geborgen in ihm, es kennt seine Grenzen, es kann sich darauf verlassen, daß es hier Futter und Wasser bekommt.

Der neue Käfig, und wenn er fünfzigmal so groß ist, bietet auf den ersten Blick keines dieser Dinge. Er verspricht lediglich das, was der Mensch für so erstrebenswert hält – mehr Freiheit. Aber das ist das letzte, was das Tier haben möchte; es möchte Geborgenheit haben, und die hat es schon in seinem kleinen Reisekäfig. In vielen Fällen muß man den Reisekäfig mehrere Tage lang, manchmal wochenlang in dem größeren Zookäfig lassen, bis das konservative und vorsichtige Geschöpf sich entschließt, den größeren Käfig in sein Territorium einzubeziehen. Und selbst wenn es den größeren Käfig akzeptiert, wird es, wenn es Angst hat, schnurstracks in den kleineren flüchten, denn dort fühlt es sich zu Hause.

Als wir einmal in Westafrika sammelten, brachte uns ein Jäger im letzten Moment, als wir schon auf dem Wege zu unserem Schiff waren, einige Zwerggalagos (Buschbabys). Ich kaufte sie zwar, hatte aber außer einer ziemlich alten, von den Eingeborenen benutzten Fischfalle aus Korbgeflecht, nichts bei mir, worin ich die Tiere unterbringen konnte. Die Falle war etwa sechzig Zentimeter lang und maß im Durchmesser etwa fünfzehn Zentimeter. Zum Glück sind die Zwerggalagos die kleinsten der Galagoart – etwa so groß wie Goldhamster, die eine Schlankheitskur hinter sich haben –, und so paßten diese drei kleinen Tiere sehr gut in die Fischfalle, die ich mit trockenen Bananenblättern gefüllt hatte. Die Zwerggalagos gehören zu den reizendsten Vertretern der Buschbabys; sie sind bezaubernde kleine Geschöpfe mit großen dunklen Augen, zarten Ohren, einem weichen, grünlich-grauen Fell und den flinken, zierlichen Bewegungen von windgeblasener Distelwolle.

Als wir, nur drei Tage später, die Küste erreichten, baute ich meinen Zwerggalagos einen Käfig und setzte sie hinein. Zum Glück hatte ich die Fischfalle nicht weggeworfen; kaum nämlich befanden sich die Tiere in ihrem neuen Käfig, da verfielen sie zusehends. Sie verweigerten alles Futter und kuschelten sich unglücklich in ihrem Schlafraum zusammen, während sie mich, wie drei verwandelte Elfen, aus großen seelenvollen Augen anstarrten. In meiner Verzweiflung setzte ich sie wieder in die Fischfalle, worauf sie sich augenblicklich erholten, wieder zu fressen anfingen und sich völlig normal verhielten. Auf der Reise nach England begann die Fischfalle sich langsam aufzulösen und mußte mit Bindfäden geflickt werden, damit sie nicht völlig auseinanderfiel. Bei der Ankunft waren die Zwerggalagos sich einig in ihrer Mißbilligung über den Zookäfig, der ungefähr fünfzigmal größer war als die Fischfalle, und sie widerstanden mit größtem Starrsinn der Evakuierung aus ihrem Eigenheim-Korbgeflecht. Die Fischfalle mußte an einer Wand des Käfigs aufgehängt werden, und die Buschbabys lebten ein ganzes Jahr darin, ehe sie sich endlich in die Weiten des Zookäfigs hinauswagten. Selbst dann noch verbrachten sie die meiste Zeit in der Ruine der Fischfalle und widerstanden allen Bemühungen, sie an einen solider konstruierten und geräumigeren Korb zu gewöhnen. Nach zwei Jahren schließlich zerfiel die Fischfalle endgültig in ihre Bestandteile, doch da hatten sich die eigensinnigen kleinen Zwerggalagos endlich an ihr neues Heim gewöhnt.

Eine Riesenhamsterratte war es, die meine Aufmerksamkeit zum erstenmal auf das lenkte, was man vielleicht das ›Reiseterritorium‹ nennen könnte. Gleichzeitig zeigte sie mir, mit welchem Gleichmut manche Tiere die Gefangenschaft akzeptieren. Riesenhamsterratten sind große, graue Nagetiere, etwa von der Größe einer halbwüchsigen Katze. Man findet sie in großer Zahl in Teilen Westafrikas. Im großen und ganzen sind sie recht phlegmatische Geschöpfe, aber sie haben, wie alle Tiere, ihre kleinen Eigenheiten. Bei ihnen handelt es sich, wie es scheint, um einen absoluten Mangel an Furcht. Ich bin noch nicht einer Riesenhamsterratte begegnet, die nicht beißt. Man braucht nur die Hand hinzustrecken, und schon beißt sie wütend zu, wenn auch auf eine beinahe beiläufige Art. Der französische Ausdruck *en passant* beschreibt das sehr gut.

Sie haben noch eine zweite merkwürdige, höchst irritierende Gewohnheit, von der ich damals nichts wußte: sie sammeln nämlich in ihren riesigen Backentaschen alles Futter, das sie auf einen Sitz nicht auffressen können, und schleppen es in ihren Schlafraum. Als ich nun meine erste Riesenhamsterratte fing, holte ich mir natürlich auch gleich meinen ersten Beutelrattenbiß und ließ daraufhin den Schlafraum des Tieres nur zu gern unangetastet. Mir fiel jedoch sofort auf, daß ich der Ratte offenbar nicht genug zu fressen gab. Ihr Napf war stets wie leergefegt, und mit zitternden Schnurrbarthaaren pflegte sie mich von ihrem Schlafraum aus mit seelenvollen Blicken anzustarren.

Immer mehr Futter schob ich ihr in meiner Verzweiflung in den Käfig, bis sie eines Tages gar nicht mehr in ihren Schlafraum hineinkroch. Als ich diesem Phänomen auf den Grund ging, stellte ich fest, daß ihr Schlafraum so vollgepfropft war mit gehamstertem Futter, daß sie selbst keinen Platz mehr darin fand. Jetzt reduzierte ich die Futtermengen und startete alle zehn Tage eine Invasion in den Schlafraum. Als ich ihn das zweitemal reinigte, sah ich, daß trotz meiner Rationierungsmaßnahmen noch immer große Futtervorräte vorhanden waren. Offensichtlich also gab ich der Ratte noch immer zuviel zu fressen. Ich verringerte daher die Mengen an leicht verderblichen Nahrungsmitteln wie Bananen, und erhöhte die Rationen an haltbareren Nahrungsmitteln wie Süßkartoffeln und Erdnüssen. Damit schien das Problem der Sauberhaltung des Schlafraums gelöst zu sein.

Dann jedoch tat meine Riesenhamsterratte etwas, das mich, gelinde gesagt, verblüffte. Eines Abends machte ich mich daran, ihren Schlafraum zu säubern und fand ihn leer vor. Nur die Futtervorräte waren noch da. In der hinteren Wand des Schlafraums klaffte ein säuberlich geknabbertes Loch. Wie mein afrikanischer Tierpfleger sagte, »das Mistvieh hat sich in die Büsche geschlagen«. Ich tröstete mich mit dem abgenützten Sprichwort, daß man aus Erfahrung klug wird, über meine Dummheit hinweg und nahm mir vor, in Zukunft Käfige für Riesenhamsterratten mit Metall zu sichern. Am nächsten Morgen wollte ich den Käfig holen, um das machen zu lassen, und siehe da, die Ratte lag zusammengerollt in ihrem Schlafraum.

Im ersten Moment traute ich meinen Augen nicht. Daß ein Tier freiwillig in die verhaßte Gefangenschaft zurückkehrte, verstieß doch gegen alles, was die sogenannten Tierfreunde predigen. So etwas hatte man noch nie gehört. Ich ließ also meine Hamsterratte in Frieden und beobachtete sie eine Weile. Jeden Abend kam sie aus ihrem Schlafraum in den Käfig, fraß und trank und schleppte dann gewissenhaft alles, was in ihrem Magen keinen Platz mehr hatte, in den Schlafraum. Ihre Backentaschen waren dabei so aufgebläht wie die Backen eines Kindes, das Mumps hat. Wenn sie alle ihre Vorräte verstaut hatte, machte sie mit viel Geraschel und Getue ihr Bett. Sie streckte die Nase durch das Loch in der Rückwand ihres Schlafraums und schnüffelte, kehrte wieder um und machte sich noch ein wenig an ihrem Bett zu schaffen, tauchte dann wieder am Durchschlupf auf und verschwand in der Nacht. Zweieinhalb Stunden später war sie zurück. Ohne Zögern schlüpfte sie in ihren Schlafraum, nahm noch einen kleinen Imbiß zu sich, rollte sich zusammen und fiel augenblicklich in friedlichen Schlummer.

Zwei Monate lang ging das so. Dann mußte ich etwa zweihundertfünfzig Kilometer weiter südlich ziehen. Ich war gespannt, wie meine Ratte auf diesen Umzug reagieren würde. Für die Reise nagelte ich ein Brett über den Durchschlupf; doch sobald wir uns im neuen Lager niedergelassen hatten, entfernte ich es wieder. Die Riesenhamsterratte ließ die Reise mit der Gelassenheit eines routinierten Jet-Setters über sich ergehen und nahm ihre Gewohnheit, nächtliche Ausflüge in die umliegenden Wälder zu machen, augenblicklich wieder auf. Als wir schließlich an Bord des Schiffes gingen, das uns nach Europa bringen sollte, mußte ich allerdings ihren Käfig innen mit Metall ausschlagen, so leid mir das tat; ich konnte mir nicht vorstellen, daß der Kapitän des Schiffes für die nächtlichen Exkursionen meiner Ratte Verständnis aufbringen würde. Die Ratte

Eisenstangen dienen nicht nur als Käfiggitter. Wie Surabaja, der kleine Orang-Utan zeigt, kann man an ihnen auch herrlich herumknabbern und schaukeln.

Eine afrikanische Zibetkatze. Ein Tier dieser schönen grau und schwarz gefleckten Art brachte ich 1965 aus Kamerun mit.

Ein Schwarzrücken-Tamarin.

Säuberung des Krallenäffchenhauses.

Silberäffchen – So empfindlich sind die Krallenäffchen in ihrem Stoffwechsel, daß man sagen könnte, sie ähneln mehr Vögeln als Säugetieren.

Südamerikanischer Flachlandtapir mit Jungem.

Meisterwerk etwa durch irgendwelche dekorativen Effekte abzulenken. Unverbrämt prangte der Beton; weder Farbe noch Form noch sonst ein Schmuck war ihm gegeben worden. Man forderte mich auf zu erraten, für welches Tier diese grauenhafte Grube entworfen war. Ich tippte auf Paviane und eine Reihe anderer Tiere, die aufgrund ihrer stoischen Veranlagung ein Leben in solch unwirtlicher Steinöde vielleicht hätten ertragen können. Aber ich hatte falsch geraten. Dieses furchterregende, baumlose Betonbidet war ausgerechnet für die Orang-Utans erbaut worden, jene Menschenaffen, die sich in den Wipfeln der Bäume am wohlsten fühlen. Sing-Sing wäre besser gewesen; da hätte es wenigstens Gitter zum Klettern gegeben.

Als wären die armen Tiere und das Zoopersonal mit den Architekten nicht schon hart genug gestraft, mischen seit neuestem bei der Planung von Zoologischen Gärten auch noch sogenannte ›Zoo-Berater‹ mit. Diese freundlichen Zeitgenossen, die in Rudeln auftreten, erklären, daß sie einen Stadtzoo komplett mit allem, was man haben will, vom Elefantenhaus bis zum Delphinarium, entwerfen können. Fertigzoo, heißt die Parole – man braucht nur das Geld zu geben. Selbstverständlich geben diese Leute nicht vor, daß sie auch einen Zweck für den Zoo mitliefern können, aber Zoos brauchen ja angeblich auch gar keinen Zweck zu haben; sie sind Statussymbole. Wenn die Stadt X keinen Zoo hat, dann kann sie mit der Stadt Y nicht konkurrieren. Schlimmer noch, wenn ein Land keinen Zoo hat, dann halten die Leute es womöglich für ein Entwicklungsland.

In erster Linie setzen sich diese Beratergruppen aus Architekten zusammen. Selbstverständlich haben sie gelegentlich – um ihre Integrität zu demonstrieren – ein, zwei Leute an der Hand, die ohne allzu große Schwierigkeit zwischen einer Giraffe und einem Hirsch unterscheiden können; möglicherweise sogar zwischen einem Nashorn und einem Flußpferd, aber ich frage mich, ob das ausreicht. Werden wir diesen Leuten bald für eine weitere Welle architektonischer Mißgeburten zu danken haben? Werden sie ein weiteres dazu tun, daß der Zoo als wissenschaftliche Einrichtung sterben muß?

Das ganze Konzept der Tier*haltung* hat sich in den vergangenen zwanzig Jahren schon radikal verändert; doch was die Art der Unterbringung von Tieren in Zoos angeht, so fängt man da gerade erst an umzudenken. In den guten Zoos geht man jetzt daran, Gruppen von Tieren in einem gemeinsamen Gehege unterzubringen, nicht mehr nur ein einzelnes Tier oder vielleicht ein Pärchen. Und man macht sich jetzt eingehendere Gedanken darüber, wie man jenem Leiden des Lebens in Gefangenschaft abhelfen kann, das so selten bedacht wird, nämlich der Langeweile. Wenn das Tier sich nicht mehr vor Raubtieren in acht nehmen muß, wenn es mit Nahrung und Wasser versorgt wird, wenn man ihm einen Geschlechtspartner zudiktiert, dann bleibt ihm herzlich wenig zu tun. Es kann sich höchstens noch zu Tode langweilen. Der Zoo der Zukunft sollte sich auf die Haltung einer größeren Zahl von Einzeltieren einer geringeren Zahl von Arten konzentrieren. Das würde bedeuten, daß die Zoos Tiergruppen schaffen, die sich selbst erhalten; die Notwendigkeit, die Bestände durch das Einfangen von Wildtieren zu ergänzen, würde dann abnehmen oder ganz entfallen. Der erste Schritt in dieser Richtung ist die Planung zweckmäßiger Tiergehege.

Noch einmal muß ich betonen, daß das, was für den Menschen gut ist, nicht unbedingt auch für das Tier gut ist; daß das, was dem Tier gefällt, nicht unbedingt dem Menschen gefällt. Zur Untermauerung dieser Behauptung kann ich ein gutes Beispiel anführen. 1965 brachte ich aus Kamerun einen grauschwarz gefleckten Zibetkater mit. Es gelang uns, aus Uganda eine Gefährtin für ihn zu bekommen. Da wir zu dieser Zeit unter akutem Geldmangel litten, mußte als Heim für die Zibetkatzen eine große Holzkiste herhalten, die einmal einen Flugzeugmotor beherbergt hatte. Diese Kiste gab, als sie neu war, ein durchaus akzeptables Heim ab; im übrigen, so trösteten wir uns, war das ja nur ein Provisorium. Sobald wir die nötigen Mittel hatten, wollten wir den Schleichkatzen eine bessere Unterkunft bauen. Doch als dann Geld da war, mußte es für andere, wichtigere Dinge verwendet werden. Abgesehen von ein paar kleineren Veränderungen und Reparaturen blieb das Zibetkatzenhaus unberührt. Doch als die Kiste immer älter wurde, konnten wir sie nur noch mit Widerwillen betrachten und schritten mit abgewandten Gesichtern an ihr vorbei wie Abgesandte der anglikanischen Kirche, wenn sie durch kircheneigene Slums wandern. Im Gegensatz zu den Slumbewohnern hatten unsere Kistenkinder keine Klagen. Sie lebten sich in Gesellschaft einiger Artgenossen, die ich aus Sierra Leone erworben hatte, gut ein und pflanzten sich mit solchem Eifer fort, daß wir bald die erfolgreichsten

Züchter Afrikanischer Zibetkatzen wurden. Bis heute haben wir selbst 49 Tiere gezüchtet und aus dieser Zucht Zibetkatzenpaare an Zoologische Gärten in der ganzen Welt geliefert. Diese Tiergruppe ermöglichte es uns, eine Menge interessanter Materialien über das Verhalten der Tiere, den weiblichen Geschlechtszyklus, die Paarung, die Lebensdauer, die Anzahl der Jungen, die Trächtigkeitsdauer und dergleichen mehr zu sammeln. Wenn auch die Afrikanische Zibetkatze heute noch recht häufig vorkommt und daher ein kontrolliertes Zuchtprogramm nicht notwendig ist, so werden sich unsere Erfahrungen doch als äußerst wertvoll erweisen, sollten wir irgendwann in der Zukunft gezwungen sein, eine Rettungsaktion für andere Mitglieder der Familie der Schleichkatzen – der indischen Zibetkatze zum Beispiel – zu starten.

Dank unseres Zuchtprogramms mit den Zibetkatzen konnten wir, wie ich schon sagte, aufschlußreiches Material sammeln. Das Interessante aber an dieser Geschichte ist, daß es uns gelang, die Tiere durchweg in der schon beschriebenen heruntergekommenen Holzkiste zu züchten. Wir finden sie gräßlich; die Zibetkatzen finden sie offenbar herrlich.

Dennoch muß man ständig darauf achten, ob und wie man das, was man den Tieren bietet, verbessern kann. Aus diesem Grund ist es ideal, wenn man eine Reihe von Gehegen oder Käfigen für nur eine Tiergruppe bauen kann. Früher wurde in einem Affenhaus vom Krallenäffchen, das die Größe einer Ratte hat, bis zum Zwei-Zentner-Gorilla alles untergebracht. Ja, schlimmer noch, im Säugetierhaus gab es alles, vom Ameisenbär bis zur Ratte, vom Gürteltier bis zum Känguruh. Unter diesen Umständen war es natürlich unmöglich, den einzelnen Gruppen eine ideale Behausung zu bieten; wenn man aber ein Gorillahaus und ein Krallenäffchenhaus bauen kann, dann besteht viel eher die Chance, daß man den einzelnen Tieren einen Lebensraum schafft, der ihnen besser entspricht. Natürlich differieren beispielsweise bei den Marmosetten und Tamarins – den zwei Hauptgruppen der Krallenäffchen – die Gewohnheiten von Gruppe zu Gruppe und von Individuum zu Individuum. Aber wenn man ein Haus baut, in dem *nur* diese winzigen Affen leben sollen, dann braucht man sich lediglich auf ihre Bedürfnisse einzustellen und nicht auch noch die Bedürfnisse einer Reihe völlig andersgearteter Gattungen.

Mit unserem Haus für die Marmosetten und Tamarins hoffen wir einige, wenn auch nicht alle Probleme gelöst zu haben. 1939 hatte ich mir als Haustier ein Schwarzpinseläffchen zugelegt, und dieses liebenswerte kleine Geschöpf lebte acht Jahre bei mir. Das war damals für diese kleinen Primaten ein Lebenszeitrekord. Es durfte bei jedem Wetter in Haus und Garten frei herumlaufen; doch da diese Äffchen sehr empfindlich sind, brannte im Wohnzimmer Tag und Nacht eine Wärmelampe, an deren Birne es sich bei kaltem Wetter wärmen konnte. Als Bett diente ihm ein Fetzen von einem alten Pelzmantel, der abends mit einer Wärmflasche vorgewärmt wurde. Das war der einzige Komfort, den ich dem Äffchen bot, und doch gedieh es prächtig unter diesen wenig verheißungsvollen Bedingungen. Ich habe selbst gesehen, wie es manchmal bis zu einer Stunde draußen im Schnee spielte, um dann eiligst ins Wohnzimmer zu huschen und sich an der Lampe die Füßchen zu wärmen.

Mein Schwarzpinseläffchen war ein äußerst zartes Geschöpf. Man könnte fast sagen, daß die Krallenäffchen, zerbrechlich wie sie sind, eher Vögeln als Säugetieren ähneln. Man findet sie in den feuchten und heißen Gegenden der tropischen Regenwälder. Und doch akzeptierte mein Pinseläffchen ganz munter und fröhlich ein Übermaß an kalter frischer Luft und den akuten Sonnenmangel des englischen Sommers. Es hatte eine robuste Gesundheit und ein dickes, glänzendes Fell. Doch in Abwandlung des alten Sprichworts möchte ich sagen, ›ein Krallenäffchen macht noch keinen Sommer‹. Ich dachte mir, mein kleines Schwarzpinseläffchen könnte vielleicht eine Ausnahmeerscheinung gewesen sein. Als wir dann in Jersey zwei Rothandtamarins bekamen, mit denen wir experimentieren konnten, richteten wir ihnen eine große Vogelvoliere ein, in der sie leben konnten, und dazu einen geheizten Unterschlupf, in den sie sich jederzeit zurückziehen konnten. Die Wirkung war die gleiche wie bei meinem Schwarzpinseläffchen. Die beiden Tamarins entwickelten sich zu zwei prächtigen Tieren mit Fellen, die so dick waren wie Krimmer.

1970, als uns eine Spende den Bau eines Krallenäffchenhauses ermöglichte, wurde diese Erfahrung genauso wie eine Reihe anderer Erkenntnisse, die wir im Laufe der Jahre gesammelt hatten, beim Entwurf berücksichtigt. Jeremy Mallinson, unser zoologischer Leiter, hatte die *Hapalidae* (wie diese Primatenfamilie wissenschaftlich heißt) immer schon in sein Herz geschlossen; deshalb wurde ihm der, wie er behauptete, schönste Auftrag gegeben, den er je in seinem Leben bekommen hatte – die Planung des neuen Heimes.

Wir waren uns einig darüber, daß jede Krallenäffchengruppe ein volierenähnliches Freigehege haben sollte, das nach Süden lag, um so möglichst viel Sonne zu bekommen. Das Problem, das uns beim Bau des Menschenaffenhauses beschäftigt hatte, tauchte auch hier wieder auf: Wie konnte man die Käfige so anordnen, daß die Tiere einander sehen, miteinander zanken und sich einbilden konnten, ihr Territorium zu verteidigen, ohne sich so nahe zu kommen, daß dadurch Streß ausgelöst wurde oder daß es zu Tätlichkeiten kam? Das Problem wurde auf ähnliche Weise gelöst wie bei den großen Menschenaffen. Die Käfige erhielten etwa die Form eines Schuhkartons mit einem V-förmig zulaufenden Ende. Auf diese Weise ragten die Vorderteile der Käfige nebeneinander heraus wie mehrere V's. Und so konnten die Tiere einander sehen, ohne jedoch miteinander in Berührung zu kommen. Wenn sie Ruhe haben wollten, brauchten sie sich nur in den hinteren Teil ihres Käfigs zurückzuziehen. Das Innere des Baus war wesentlich komplizierter, und gerade hier ließ Jeremy seiner Fantasie freien Lauf.

Jeder der Innenkäfige war 122 mal 91 cm groß und 152 cm hoch. Sie wurden alle aus Plastikmaterial (feuerfest und undurchsichtig) gebaut und enthielten alles, was das Tier brauchte – Schlafkasten, Sitzbrett, großes Klettergerüst, Infrarotlampen. Gleichzeitig waren sie so geplant, daß die Sauberhaltung möglichst einfach war. Die Böden beispielsweise waren leicht geneigt, um das Auskehren und Auswischen zu erleichtern. Es ist möglich, jedes Tier in seinen Schlafkasten einzusperren; der Schlafkasten ist transportabel, und auf diese Weise kann ein Tier in einen anderen Käfig gebracht werden, ohne daß es sich allzusehr aufregt. Im Lauf der Jahre haben wir dreizehn Arten von Krallenäffchen gehalten und gezüchtet und viel dabei gelernt. Wir haben gegenwärtig in Europa die beste und umfassendste Sammlung dieser faszinierenden und gefährdeten kleinen Primaten, und wir hoffen, unsere Kolonien noch zu vergrößern und zu erweitern.

Wenn man neue Tierbehausungen baut und versucht, seine Sache besser zu machen als frühere Planer, experimentiert man unaufhörlich. Da ist es beinahe unvermeidlich, daß man auch Fehler macht. Man bemüht sich, die meisten schon auf dem Reißbrett zu erkennen, aber ein paar schleichen sich doch immer ein. Bei der Planung von Tierbehausungen lernt man aus seinen Fehlern und man kann nur hoffen, daß die Fehler, die man macht, nicht gravierend sind. Denken wir beispielsweise an die Verwendung von Glas. Dieses Material gehört, so teuer es auch ist, meiner Meinung nach zu den besten, die beim Bau von Tierbehausungen verwendet werden können. Es verleiht dem Käfig den Schein von Weiträumigkeit, der gewiß vom Tier und auch vom Besucher geschätzt wird. Man kann das Tier sehen, ohne daß das Blickfeld von Stangen oder Drähten eingeengt wird. Doch auch Glas hat, abgesehen vom Preis, seine Nachteile; der schwerste ist der, daß Tiere in Momenten des Streß leicht vergessen, daß es da ist.

Als wir für unsere südamerikanischen Tapire neue Unterkünfte bauten, ließen wir in die Wand zwei Dickglasscheiben ein, durch die das Publikum in die Käfige hineinsehen konnte. Zwischen diesen beiden Scheiben war die Tür für das Personal, deren obere Hälfte aus einer dicken Drahtglasscheibe bestand. Mehrere Jahre lang lebten die Tapire ganz glücklich in diesem Käfig und wußten genau, daß die Glasscheiben, auch wenn sie unsichtbar waren, eine undurchdringliche Wand bildeten. Doch eines Tages bekam Juno, eines unserer Tapirweibchen, entweder einen heftigen Schreck (wodurch, wissen wir nicht) oder sie hatte einen sehr lebhaften Traum, in dem sie von einem Jaguar gehetzt wurde. Jedenfalls sprang Juno offenbar ohne jedes Zögern nicht etwa durch das

große Schauglas, sondern direkt durch die Drahtglasscheibe oben in der Personaltür. Daß sie sich nicht das Genick brach, war ein Wunder. Daß sie nicht an ihren Verletzungen starb, ehe sie schließlich fast einen Kilometer entfernt eingefangen und mit einer Spritze beruhigt wurde, war noch wunderbarer. Doch das unglaublichste an der Geschichte: sie war im sechsten Monat trächtig und brachte, beinahe ehe ihre Verletzungen ausgeheilt waren, ein Junges zur Welt, das dicker und gesünder war als alle anderen, die bisher in unserem Zoo geboren wurden.

Glas hat aber noch einen anderen Nachteil. Er liegt in der Reaktion des *Homo sapiens* auf dieses Material. Gewisse Leute sehen heutzutage in einer Glaswand, hinter der ein Tier zu besichtigen ist, eine Aufforderung, mit Ziegelsteinen zu werfen. Zum Glück hatten wir in Jersey noch keinen solchen Fall. Bei uns tauchen nur ab und zu unbekümmerte junge Burschen auf, die ihren Freundinnen unbedingt beweisen wollen, daß der Brillant in ihrem Ring echt ist und damit ihre Initialen in das Glas ritzen. Wenn das bei extra importiertem Dickglas passiert, wo eine Scheibe von 1.80 × 1.20 m Größe über 600 Pfund kostet, dann kann es schon vorkommen, daß man mit den Leuten die Geduld verliert und sich fragt, wieso man sich eigentlich die Mühe und die Kosten macht, Glas einzubauen, nur damit eben diese Leute das Tier besser sehen können.

Zu den kompliziertesten und teuersten Bauten, die wir bis heute errichtet haben, gehört unser Gorillahaus. Es hat sich bisher als in jeder Hinsicht gelungen erwiesen. Einen kleinen Fehler hat es jedoch; es ist zu klein. Jedesmal, wenn man daran geht, ein Tierhaus zu bauen, meint man, es würde groß genug werden. Und wenn man dann endlich fertig ist, hat entweder die Tierfamilie inzwischen Zuwachs bekommen oder man entdeckt, daß der Bau, wenn er steht, nicht halb so groß ist, wie man glaubte, daß er werden würde. Aber wir konnten ja nicht wissen, daß unsere Gorillas sich in ihrer Begeisterung über ihr neues Heim mit einer Geschwindigkeit und Regelmäßigkeit fortpflanzen würden, die man nur mit Fließbandproduktion vergleichen kann.

Die Geschichte des Gorillahauses ist insofern interessant, als sie zeigt, wie weit das Glück uns bei unserer Entwicklung geholfen hat. Zuerst erwarben wir unser älteres Weibchen N'Pongo. Sie war damals zweieinhalb Jahre alt und erwies sich gleich in den ersten Tagen, die sie in unserem Gästezimmer verbrachte, weil ihr Käfig noch nicht ganz fertig war, als ein ausgesprochen liebenswertes Tier. Ja, sie benahm sich besser als viele menschliche Gäste, die wir bei uns schon aufgenommen haben. Als sie heranwuchs, wurde natürlich offensichtlich, daß sie dringend einen Gefährten brauchte, oder wenigstens eine Gefährtin. Ihre leidenschaftlichen Liebesbekundungen verschiedenen Wärtern gegenüber waren, milde ausgedrückt, peinlich. Wenn eine fast hundertsiebzig Pfund schwere Gorilladame überzeugt ist, daß sie einen liebt und nicht möchte, daß man ihren Käfig verläßt, dann bleibt einem kaum etwas anderes übrig, als noch ein bißchen zu bleiben. Ich kaufte also trotz unserer mißlichen finanziellen Lage Nandi, ein zweites Gorillaweibchen. Sie war ein wenig jünger als N'Pongo, aber ein Prachtexemplar und kerngesund. Die beiden kamen gut miteinander zurecht. N'Pongo liebte zwar Nandi heiß und innig, ließ aber keinen Zweifel daran aufkommen, daß sie im Käfig das Regiment führte. Mehrere Jahre vergingen, und die beiden Gorillas waren glücklich und zufrieden mit ihrem Junggesellinnendasein. Doch es war klar, daß bald etwas getan werden mußte, und diese Erkenntnis stellte mich vor Probleme, die mir Sorgen machten.

Wir brauchten einen Gorillamann im gleichen Alter oder älter als unsere zwei Weiber*). Verschiedene Männer waren auf dem Markt angeboten worden, aber sie waren bei weitem zu jung und zu teuer gewesen. Bis sie geschlechtsreif geworden wären, wären unsere Weiber zu alt gewesen, um noch zu gebären. Die Beschaffung eines jungen, ausgewachsenen, männlichen Gorillas war an sich schon eine nahezu unmögliche Aufgabe; doch hinzu kam noch etwas anderes: wir wußten sehr wohl, daß es – selbst wenn es uns gelang, einen Geschlechtspartner für unsere Weibchen zu finden – keine Garantie dafür gab, daß er an den Weibern oder sie an ihm Gefallen finden würden. Und wir hatten auch keine Garantie dafür, daß er von der Paarung überhaupt eine Ahnung hatte. Es konnte uns also leicht passieren, daß wir schließlich mit einem Gorillamann dastanden, den keiner liebte, und dazu mit zwei frustrierten, alten Jungfern. Schließlich wußten wir auch noch, daß die derzeitige Behausung unserer weiblichen Gorillas nur deshalb annehmbar war, weil beide Tiere zahm waren und wir zu ihnen hineingehen konnten. Wenn wir ihnen nun einen halbwüchsigen männlichen Gorilla zugesellten, über

*) Bei Menschenaffen unterscheidet man »Männer«, »Weiber« und »Kinder«.

dessen Temperament wir nichts Genaues wußten, konnte das leicht zu Schwierigkeiten führen. In unserer Kasse herrschte, wie immer, Ebbe, und ich wußte, daß ich das Geld für einen neuen Käfig unmöglich auftreiben könnte. Gerade, als das Problem unlösbar schien, kam uns das Glück zu Hilfe.

Wir hatten einige neue Tiere bekommen und die örtliche Fernsehanstalt schickte wie gewöhnlich ein Team zu uns herauf, um über das Ereignis zu berichten. Ehe die Tiere gefilmt wurden, unterhielt ich mich mit dem Reporter, der neu war. Er war überrascht, als er hörte, wie groß der Grundbesitz des Trusts war. Ein wenig bitter erklärte ich, daß einem fünfunddreißig Morgen Land wenig nützen, wenn man nicht das Geld hat, etwas damit anzufangen. Der Reporter fragte, ob ich das im Lauf des Interviews erwähnen wollte. Ich erwiderte, ich hätte darauf schon früher immer wieder hingewiesen, ohne daß etwas dabei herausgekommen wäre, aber wenn er wirklich wollte, daß ich nochmals davon spräche, würde ich das tun.

Wir nahmen also das Interview auf, und am Abend sah ich mir die Sendung an. Kaum war der Film abgelaufen, als das Telefon läutete. Es war das Fräulein vom Amt, das wegen der Störung um Entschuldigung bat. Sie wüßte wohl, daß wir eine Geheimnummer hätten, aber der Herr am Apparat bestünde darauf, mit mir zu sprechen, da er uns etwas Geld spenden wollte. Da ich mich nie geschämt habe, von fremden Leuten Geld anzunehmen, ließ ich mich mit dem Herrn verbinden. Eine angenehme Stimme teilte mir mit, am Apparat wäre ein gewisser Brian Park. Er hätte eben die Sendung im Fernsehen gesehen. Ob es stimmte, daß ich Geld brauchte? »Wir brauchen immer Geld«, erwiderte ich, allein vom Klang der Stimme davon überzeugt, daß von diesem Mann mindestens fünfzig Pfund zu erwarten waren. Und da brachte Brian Park das fertig, was meinen Verwandten, Freunden und Feinden trotz verbissener Bemühungen nie gelungen ist. Er machte mich sprachlos, indem er ganz einfach sagte, »Was würden Sie tun, wenn ich Ihnen zehntausend Pfund gäbe?« Das kam so überraschend, daß mir im ersten Schock überhaupt nichts einfiel, was ich mit zehntausend Pfund hätte anfangen können. Doch am folgenden Morgen hatte ich mich natürlich von meiner Überraschung erholt. Ich wußte, daß der Bau eines Gorillahauses unser vordringlichstes Problem war, auch wenn wir das Geld für hundert andere

Dinge hätten gebrauchen können. Zu meiner Erleichterung war Brian damit einverstanden. Nun also hatten wir die Mittel für das neue Gehege; aber einen männlichen Gorilla hatten wir immer noch nicht.

Doch da lachte uns das Glück ein zweitesmal. Ernst Lang, der Direktor des Basler Zoos, dem es als erstem in Europa gelungen war, Gorillas in Gefangenschaft zu züchten, hatte sich für unsere Angelegenheiten und besonders für unsere beiden unverheirateten Gorilladamen immer sehr interessiert. Jetzt schrieb er mir, wenn ich wolle, würde er uns Jambo schicken, einen ausgewachsenen männlichen Gorilla aus seiner eigenen Zucht. Jambo war ein Zuchttier mit Erfahrung, bereits Vater eines weiblichen Kindes. Einen ausgewachsenen, in der Gefangenschaft geborenen und herangewachsenen Gorilla zu finden, war schon unglaublich genug; aber dann auch noch einen zu bekommen, von dem man wußte, daß er nicht nur fruchtbar war, sondern auch in der Liebe bewandert, grenzte ans Wunderbare.

Damit also war unser Gorillaproblem praktisch mit einem Schlag gelöst. Eifrig machten wir uns daran, das neue Haus zu planen, das den Namen ›Brian Park Gorilla Complex‹ tragen sollte.

Auf eines allerdings mußten wir bei unseren hochfliegenden Plänen Rücksicht nehmen, nämlich auf den Standort des zukünftigen Gorillahauses. Das war ein Stück Land, das zu einer großen Rieselwiese hin abfiel. Der Ort war vernünftig gewählt, denn das neue Gorillaheim würde sich hier auf eine natürliche Weise an das bereits bestehende Menschenaffenhaus anschließen. Die Hanglage stellte uns zwar vor mehrere Probleme, aber schließlich konnten wir sie alle lösen. Bisher haben sich auch unsere Planungen immer bewährt.

Das Haus besteht aus drei miteinander verbundenen Käfigen mit Fußbodenheizung. Schiebetüren führen von jedem Käfig aus in einen 15 × 10 m großen Raum mit Kletteranlagen und einem Badebecken. Das Neue an diesem Raum ist, daß er kein Dach hat. Er hat 3.60 m hohe Mauern, die in Abständen versetzt sind, und in jede dieser Nischen, die etwa aussehen wie Rockfalten, ist eine 1.80 × 1.20 m große Glasscheibe eingelassen. Innen sind die Mauern völlig glatt, so daß die Gorillas an ihnen nicht hochklettern können, und die Fenster sind aus fast vier Zentimeter dickem, mit Plastik verstärktem Glas, das allenfalls von einem Bulldozer durchbrochen werden kann. Der ganze Bau blickt direkt nach Süden, so daß die Gorillas, da ein Dach ja fehlt, der Witterung voll ausgesetzt sind. Ein Überdach jedoch, eine Fortsetzung des Dachs über den Käfigen, bietet ihnen an sonnigen Tagen Schatten und bei Regen Schutz vor der Nässe. Vor kurzem haben wir im Dach über den Käfigen eine Fernsehkamera eingebaut, so daß die Gorillas wenn nötig rund um die Uhr überwacht werden können.

Bei einem solchen Bau war die Detailplanung von Wichtigkeit. Die Laufbretter an den Wänden mußten gerade eine solche Neigung haben, daß man sie mühelos abspritzen konnte, ohne daß aber die Gorillas das Gefühl hatten, an den Hängen des Mount Everest zu leben. Die Wände zwischen den Käfigen mußten aus Gitterwerk und entfernbar sein, so daß der ganze Raum notfalls in ein großes Schlafzimmer verwandelt werden konnte. Die Gittertrennwände waren aus zwei Gründen wichtig. Erstens konnten die Tiere einander sehen, auch wenn sie voneinander getrennt waren, und zweitens war es für uns praktischer. Wenn wir sie mit dem Narkosegewehr betäuben oder ihnen ein Medikament verabreichen wollten, ohne zu riskieren, zu ihnen hineinzugehen, konnten wir das durch das Gitter tun.

In Abständen gab es Mauervorsprünge, die Nischen bildeten. Dorthin konnten die Tiere sich zurückziehen, wenn sie voneinander genug hatten; sie können sich nämlich genauso auf die Nerven fallen wie wir Menschen, auch wenn sie noch so gut zueinander passen. Die Farbwahl für den ganzen Bau wollte gründlich durchdacht sein, denn er war groß und fiel sofort ins Auge. Die falsche Farbe hätte ihn vielleicht ebenso attraktiv wirken lassen wie etwa einen Gaskessel. Nach vielen Auseinandersetzungen und Experimenten wählten wir für die Außenmauern ein tiefes Olivgrün. Dadurch verschmolz das Gebäude im Frühling und im Sommer praktisch mit dem Grün der Bäume. Bei den Innenwänden entschieden wir uns für ein helles Buttergelb. Das wirkte zwar gut und die Gorillas machten sich ausgezeichnet vor dem hellen Hintergrund, aber bald zeigte sich, daß diese Farbwahl nicht ganz glücklich gewesen war. Da das Haus nach Süden blickte, wirkte das Gelb der Wände bei Sonnenlicht wie Reflektoren oder Spiegel. Dadurch entstand große Hitze. Wir haben die Wände jetzt in einem blassen Blau gestrichen und den Boden sandfarben. Das ist besser, aber ideal sind die Farben immer noch nicht.

Unser größtes Projekt ist gegenwärtig die Erstellung eines Reptilienhauses. Es wird bei weitem das komplizierteste Gebäude werden, an das wir uns bisher herangewagt haben. Da Reptilien im allgemeinen nicht so beliebt sind wie Säugetiere und Vögel, habe ich geglaubt, niemals jemanden zu finden, der uns bei der Finanzierung unseres Reptilienzuchtprogramms unter die Arme greifen würde. Doch wie bei unserem Gorillaproblem kam uns auch hier wieder das Glück zu Hilfe.

Wir hielten in Jersey die erste Weltkonferenz über die Zucht gefährdeter Tierarten ab, und unter den vielen hundert Konferenzteilnehmern befanden sich auch Dr. Gaherty und seine Frau aus Kanada. Sie waren seit vielen Jahren Mitglieder des Trusts. Im Laufe der Konferenz kamen sie zu mir und beglückwünschten mich zur allgemeinen Anlage unseres Zoos und zum Zustand unserer Tiere.

»Aber ein schwacher Punkt verdirbt den guten Eindruck«, fuhr Geoffrey Gaherty fort. »Sehen Sie, meine Frau und ich sind begeisterte Herpetologen. Wir halten und züchten selbst alle möglichen Reptilien. Ihre Reptilien hier sind zwar in ausgezeichnetem Zustand, aber Ihr Reptilienhaus ist unserer Meinung nach nicht das Ideale.«

Ich gestand, daß ich mir der Mängel unseres Reptilienhauses (einer großen, ehemaligen Garage) voll bewußt war, und fügte prahlerisch, wenn auch eigentlich mehr im Scherz hinzu, ich würde mit Freuden das beste Reptilienhaus der Welt aufbauen, wenn Dr. Gaherty mir sagen könnte, wo ich das nötige Geld auftreiben sollte. Als wir so weit gekommen waren, mußte ich mich verabschieden, da ich bei einer Sitzung im Rahmen der Konferenz den Vorsitz hatte. Ich sah die Gahertys erst kurz vor ihrer Abreise wieder.

»Sagen Sie mir eines«, meinte Geoffrey Gaherty. »War es Ihnen ernst mit dem, was Sie mir neulich erklärten? Wenn ich das Geld auftreibe, werden Sie dann das beste Reptilienhaus der Welt bauen?«

»Selbstverständlich«, erwiderte ich. »Das einzige, was mich daran hindert, sind die fehlenden Mittel. Warum?«

»Nun«, meinte Dr. Gaherty, »ich bin nicht nur ein Reptilienfreund, sondern auch Millionär.«

»Kommen Sie doch mit in mein Büro«, forderte ich ihn auf und bemühte mich, nichts davon merken zu lassen, daß mir die Knie zitterten. »Ich habe da ein paar Skizzen liegen, die ich für den Tag gemacht habe, an dem ich jemandem wie Ihnen begegnen würde.«

Damit war der erste Schritt zum Bau unseres Reptilienhauses getan. Wenn es nach mir geht, wird es ein in seiner Art einzigartiges Zentrum zum Studium und zur Zucht dieser faszinierenden und viel verleumdeten Wesen werden. Zunächst einmal liegt uns überhaupt nichts daran, eines dieser gräßlichen Reptilienhäuser zu haben, wie sie in Zoos üblich sind und wo ein ganzes Heer unterschiedlicher Arten das ganze Jahr hindurch bei konstanter Tag- und Nachttemperatur gehalten wird. Wir konzentrieren uns auf eine begrenzte Anzahl von Schlangen, Eidechsen sowie Land- und Wasserschildkröten, und es wird sich nur um solche Arten handeln, die gefährdet sind. Drei Jahre lang haben wir an den Plänen gearbeitet und jetzt sind wir dabei, letzte Hand an den Bau zu legen. Wie immer fragen wir uns, was für schlimme Fehler wir wohl auf dem Reißbrett verbrochen haben.

Ungewöhnlich ist unser Bau insofern, als den Zuchträumen, die nicht besichtigt werden können, weit mehr Platz eingeräumt wurde als den Schaukästen. Bei uns ist es also gerade umgekehrt wie in den existierenden Reptilienhäusern. Der Grund ist einfach: unsere erste Aufgabe ist es, Reptilien zu züchten. Die Zurschaustellung folgt in zweiter Linie. In vielen Fällen ist es schwierig, wenn nicht gar unmöglich, Reptilien in konventionellen Reptiliengehegen zu züchten, da man nicht die notwendige Kontrolle über die äußeren Einflüsse besitzt. In unseren Zuchträumen haben wir Spezialkäfige, in denen winzige Feuchtigkeits-, Licht- und Temperaturschwankungen gesteuert und ein Tages- und Jahreszeitenrhythmus geschaffen werden kann. Wir hoffen, daß wir so im kleinen die natürlichen Bedingungen, an die jede einzelne Tierart angepaßt ist, nachahmen können. Säugetiere und Vögel können akklimatisiert werden; man kann tropische Tiere sehen, die sich ganz vergnügt im Schnee amüsieren; aber der Stoffwechsel des Reptils macht solche großen Sprünge nicht mit. Reptilien können gewisse, geringere Temperaturschwankungen ertragen, aber wenn man sie bei Gesundheit erhalten und mit Erfolg züchten will, dann muß man in ihrem Fall mehr auf das Klima achten als bei anderen Tieren.

Der ganze Komplex der Zooplanung ist faszinierend. Es ist eine Wissenschaft, die noch in den Kinderschuhen steckt, aber wir wissen schon aus Erfahrung, daß es keine unmögliche Aufgabe ist, Tiergehege zu bauen, die nicht nur den Wünschen des Publikums entsprechen, sondern auch denen des Tieres; doch es gibt nur wenige Zoos, wo man darauf achtet, und wenn im Vordergrund das Bemühen steht, dem Publikum etwas zu bieten, dann ist das Tier immer der Verlierer. Ich würde meinen, daß ein striktes Sparprogramm für Zoodirektoren und Architekten nicht von Übel ist. Ein Bau braucht nicht Tausende zu verschlingen, um Tier und Mensch das Beste zu bieten. Das haben wir ja immer wieder bewiesen. Sicher ist es angenehm, wenn man sich die kleinen Extras leisten kann, aber es ist erstaunlich, was man mit einer bescheidenen Summe Geldes und preiswerten Materialien auf die Beine stellen kann. Im Grunde sind es ja nur die Menschen, denen das wichtig ist, was ein Tiergehege teuer macht; die ästhetische Wirkung nämlich. Das Tier möchte nur einen Platz, wo es sich zu Hause fühlen kann, und wenn man ihm den bereitet, dann wird man reich belohnt.

Kapitel Drei

»Ihnen folgte eine Platte, auf der ein ungeheuer großer Keiler lag. Auf seinem Kopf saß schräg die Mütze eines befreiten Sklaven; von seinen Hauern hingen zwei Körbe herunter, die mit Palmenblättern ausgelegt waren, der eine mit syrischen Datteln gefüllt, der andere mit thebanischen Datteln. Kleine, aus Teig geformte und im Ofen gebackene Ferkel umdrängten das Tier, als drückten sie auf die Zitzen... Ein Sklave zog sein Jagdmesser und versetzte dem Keiler einen tiefen Stich in den Bauch, und plötzlich flogen aus der Öffnung in der Seite des Tieres Drosseln.«

PETRONIUS – *Das Festmahl des Trimalchio*

»Die Griechen nannten diesen Vogel Upupa, weil er sein Nest mit menschlichem Exkrement auslegt. Das schmutzige Tier nährt sich von stinkendem Kot. Er lebt in Gräbern davon... Wenn jemand sich vor dem Zubettgehen mit dem Blut dieses Vogels beschmiert, bekommt er Alpträume von Würgeteufeln.«

T. H. WHITE – *The Book of Beasts*

»Eine Spinne ist ein Luftwurm, da sie sich mit Nahrung aus der Luft versorgt, die ein langer Faden zu ihrem kleinen Körper herunterzieht.«

T. H. WHITE – *The Book of Beasts*

Die Ernährung

Der berühmte Feinschmecker Brillat-Savarin hat einmal gesagt, »Sage mir, was du ißt, und ich sage dir, wer du bist«. Diese simple Regel hat bei Tieren leider keine Gültigkeit. Und auch ihre Umkehrung – sage mir, wer du bist, und ich sage dir, was du ißt – kann man nicht anwenden. Wenn man nämlich weiß, was ein Tier ißt, kann man es allenfalls in eine ziemlich grob umrissene gastronomische Kategorie stecken, die auf die individuellen Vorlieben oder Abneigungen des Tiers keine Rücksicht nimmt und auch nicht auf unsere Unwissenheit darüber, welche Kost das Tier auf freier Wildbahn zu sich nimmt. So kann es geschehen, daß man plötzlich mit einem Tier dasteht, das in allen Lehrbüchern als ›Pflanzenfresser‹ beschrieben wird, und nun einen mächtigen Appetit auf Fisch oder Fleisch an den Tag legt. Oder der ›strikte Fleischfresser‹, den man sich eingefangen hat, schmatzt gierig mit den Lippen, wenn man ihm eine Weintraube vor die Nase hält.

Bis vor relativ kurzer Zeit noch wurde der Frage, welcher Art die Tierkost im Zoo sein soll, kaum Beachtung geschenkt. Es scheint in erster Linie daran zu liegen, daß die Wichtigkeit dieser Frage nicht erkannt wurde. Allgemeine Auffassung war, daß alles, was für den menschlichen Verzehr nicht geeignet ist, für das Tier genau das richtige sein muß, und in vielen Zoos handelt man auch heute noch nach dieser irrigen Meinung. Aber das Tier in freier Wildbahn, wenn es nicht gerade ein Aasfresser ist, bekommt alle seine Nahrungsmittel ganz frisch. Diese simple Tatsache wurde einfach übersehen. In viel zu vielen Zoos – darunter auch in angesehenen – habe ich erlebt, daß die Tiere mit altem Fleisch und Fisch, mit angefaultem Gemüse, mit überreifem und schimmligem Obst gefüttert wurden. Ich hielt das – wenn man es einmal aus rein wirtschaftlicher Sicht betrachten will – immer schon für Sparsamkeit am falschen Platz. Wenn man einen Bauernhof hat und seine Tiere hungern läßt oder ihnen minderwertiges Futter gibt, dann kann man nicht erwarten, daß die Milcherzeugung gut ist oder daß man eine gute Zucht aufbauen kann. Wieso erwartet dann ein Zoodirektor, daß er seine Tiere bei Kraft und Gesundheit erhalten und gute Zuchtergebnisse erzielen kann, wenn er minderwertiges Futter gibt? Es wäre interessant, wenn auch deprimierend, einmal festzustellen, wie oft Tiere in der Vergangenheit als ›schwierig‹ abgestempelt wurden, nur weil sie falsch gefüttert wurden.

Zu der falschen Einstellung hinsichtlich der Ernährung, die in vielen Fällen eher schädlich als gesund war, gesellte sich wieder einmal der unheilvolle Einfluß der Zoobesucher. Viele gingen in den Zoo, um ›die Tiere zu füttern‹. Leider war das nicht nur für das Publikum abgemachte Sache, sondern auch für den Zoo selbst. Wenn die Besucher die Tiere fütterten, brauchte er selbst nicht so tief in die Tasche zu greifen. Die Tatsache, daß die Leute im allgemeinen den Tieren ungesundes Futter gaben und das auch noch in viel zu großen Mengen, was dann zu Krankheit oder gar Tod führte, wurde von manchen Zooleuten mit der Einstellung hingenommen, daß das Leben nun eben mal so ist. Ich weiß aus eigener bitterer Erfahrung, wie schwierig es ist, Besucher im Zoo daran zu hindern, die Tiere zu füttern, aber zu jener Zeit wurde auch vom Zoo nicht der geringste Versuch unternommen, sie daran zu hindern; im Gegenteil, sie wurden eher noch ermutigt. Zwar wurden einige wenige zaghafte Versuche unternommen, die Leute – wenn sie die Tiere schon unbedingt füttern wollten – dazu zu bringen, das richtige zu füttern, aber im großen und ganzen schlugen diese Bemühungen fehl. Den Leuten machte es eben mehr Spaß, die tödliche Erdnuß, die Tafel Schokolade, das Eis am Stiel zu füttern – lauter Dinge, die man im Zookiosk kaufen konnte. Die Tiere, die sich wie Kinder mit diesen Leckerbissen vollstopften, starben an Darmverschluß, Enteritis oder Thrombosen.

Heute ist in allen fortschrittlichen Zoos das Füttern der Tiere für die Besucher verboten, und das mit Recht. Aber was man verbietet, kann man noch lange nicht verhindern. Der Durchschnittsbesucher scheint der Ansicht zu sein, daß er in jedem Zoo das unantastbare Recht hat, drei Dinge ungehindert und ungestraft zu tun: Abfälle zu verstreuen; mit Stöcken oder Schirmen auf die Tiere einzustochern oder Steine nach ihnen zu werfen, um sie aufzurütteln, falls sie die Unverschämtheit besitzen sollten, gerade zu schlafen oder zu ruhen; oder alles zu füttern, was er gerade zur Hand hat, ob es nun eine Erdnuß oder Würfelzucker, ein Lippenstift oder eine Rasierklinge ist. Ich übertreibe nicht, wenn ich diese beiden letzteren Dinge erwähne. Beides hat man unseren Tieren schon gegeben; außerdem Aspirin, Glasscherben von zerbrochenen Flaschen, Plastiktücher und einmal sogar eine gestopfte und brennende Pfeife. Die

Zoobesucher scheinen noch weniger als viele Zoodirektoren darüber zu wissen, was für Kost wilde Tiere brauchen.

Es ist eine merkwürdige Tatsache, daß gerade Tiere, die ungewohnter Nahrung gegenüber äußerst zurückhaltend sind, sich, sobald sie in einen Zoo kommen, mit unfehlbarer Zielsicherheit genau auf jene Art von Nahrung stürzen, die für sie am wenigsten zuträglich oder am schädlichsten ist. Zeigten sie diesen Wesenszug gleich, wenn sie gefangen werden, so würde das dem Tiersammler das Leben wesentlich erleichtern: dann hätte er nämlich etwas, womit er sie reizen kann. Da das aber nicht der Fall ist, wird seine Geduld oft auf eine harte Probe gestellt, denn lange ehe das Tier im Zoo eintrifft, muß sich der Tiersammler der wenig beneidenswerten Aufgabe widmen, es an neue Kost zu gewöhnen. Diese Aufgabe ist mit ebensoviel Mühe und ernüchternden Enttäuschungen verbunden wie der Versuch, in einer englischen Pension die Grundbegriffe der französischen Küche einzuführen.

Auf dem einen Extrem stehen die monophagen Tiere, die Nahrungsspezialisten, die eine Kost von solcher Eintönigkeit verlangen, daß selbst ein mittelalterlicher Heiliger finden würde, diese Kasteiung des Fleisches ginge zu weit. Schuppentiere zum Beispiel, die in Afrika und Asien zu Hause sind, leben ganz glücklich ausschließlich von Ameisen, in manchen Fällen von den schwarzen, absolut unverdaulich aussehenden Baumameisen, die so stark nach Ameisensäure stinken, daß einem die Augen tränen, wenn man ein Nest auseinandernimmt.

In den klaren Waldbächen von West- und Zentralafrika lebt ein bemerkenswertes Geschöpf, das *Potomagale velox* oder Große Otterspitzmaus genannt wird. Dieser schwarze Insektenesser – es gibt in Afrika mehrere Arten; sie sind entfernt mit den in Madagaskar lebenden Tanreks verwandt – ist etwa sechzig Zentimeter lang, hat einen dunklen, maulwurfähnlichen Pelz, winzige Augen, keine Schlüsselbeine und eine aufgeschwollene Schnauze, so daß sein Kopf aussieht wie ein mit Schnurrbarthaaren bewaldeter Hammerkopf. Dazu hat er einen Schwanz, der seitlich abgeplattet ist wie der einer Kaulquappe. Die Große Otterspitzmaus ist ein Nacht- und Wassertier und lebt – zumindest in Kamerun, wo ich sie einfing – ausschließlich von schokoladefarbenen Süßwasserkrebsen. Als ich meine erste Große Otterspitzmaus fing und eingehend begutachtete, meinte ich, daß ein so kräfiges und otterähnliches Tier, das anscheinend dafür ausgerüstet war, auf alle möglichen Beutetiere Jagd zu machen, unmöglich von derart eintöniger Kost leben könne. Selbst der fanatischste Krebsliebhaber mußte, so glaubte ich, ab und zu Appetit auf frischen Fisch oder einen Frosch oder auch ein Wasserschlangensteak haben. Ich begann also zu experimentieren und versuchte, meine Otterspitzmaus mit großen Käfern, köstlichen Fischen mannigfaltiger Form, Größen und Farben, mit fetten Fröschen, Wasserschlangen unterschiedlicher Länge, jungen Vögeln zu reizen. Es war alles umsonst. Die Otterspitzmaus betrachtete voller Verachtung diese Leckerbissen, die ihr Menü ergänzen sollten und blieb beim knackigen Süßwasserkrebs. Dieser hatte, soweit ich feststellen konnte, praktisch keinen Nährwert, da er beinahe ausschließlich aus Schale bestand.

Ich sah mich nun natürlich einem doppelten Problem gegenüber: erstens konnte ich unmöglich einen Vorrat an Süßwasserkrebsen mit aufs Schiff nehmen, der für die Dauer der Reise ausgereicht hätte – meine Otterspitzmaus verschlang nämlich an die fünfunddreißig dieser Tierchen pro Nacht; und zweitens konnte kein europäischer Zoo diese ausgefallene Kost bieten. Folglich mußte diesem Geschöpf eigenwilligen Geschmacks beigebracht werden, anderes zu fressen. Das war leichter gesagt als getan und konnte nur mit List zuwege gebracht werden.

Im einheimischen Lebensmittelgeschäft kaufte ich eine große Menge getrockneter Süßwasserkrabben, die vielen afrikanischen Speisen als Würze beigegeben wurden. Diese Krabben wurden zu Pulver gemahlen, dann vermischte ich sie mit gehacktem Fleisch und rohem Ei. Immer, wenn die Zeit der Fütterung kam, war die Otterspitzmaus von einem wahren Heißhunger besessen, und darin sah ich meine Chance. Ich tötete eine Anzahl Krebse und füllte sie mit meiner Fleisch- und Krabben-Farce. Dann gab ich der Otterspitzmaus einen gewöhnlichen, ungefüllten Krebs, den sie mit ein paar schnellen Bissen verschlang. Nachdem ich sie so eingelullt hatte, warf ich ihr einen gefüllten Krebs hin. Sie hatte ihn schon halb hinuntergeschluckt, ehe sie merkte, daß an dem Ding etwas nicht stimmte. Sie spie ihn aus, um ihn bebenden Schnurrbarts zu untersuchen, dann fraß sie ihn zu meiner großen Freude ratzekahl auf. Es dauerte Wochen, aber ich brachte sie schließlich so weit, daß sie meine Spezialmischung aus einem Napf fraß. Obenauf streute ich für das Auge immer etwas gehackten Krebs.

Der Große Ameisenbär, der größte Vertreter seiner Gruppe, ist auch so ein schwer erziehbares Geschöpf. Mit seinem langen, eiszapfenförmigen Kopf, seinem fahnenähnlichen Schwanz und seinen riesigen Bärenklauen, die dazu geschaffen sind, die steinharten Termitennester aufzubrechen, aus denen er sich seine Nahrung holt, ist er ein spektakuläres Tier. Meinen ersten Ameisenbär fing ich im Hochland von Guyana. Ich verfolgte ihn zu Pferd und fing ihn mit dem Lasso ein. Ich hatte alle Mühe, seinen wütend zuschlagenden Klauen zu entgehen, als wir ihn in einen Sack bündelten und zum Lager zurückverfrachteten. Dort band ich ihn an einem Baum fest und konzentrierte mich voll auf die Aufgabe, ihn an eine neue Nahrung zu gewöhnen.

Ich wußte, daß man bei Ameisenbären in der Vergangenheit mit rohem Ei, Hackfleisch und Milch Erfolg gehabt hatte. Das entscheidende Problem bestand darin, den Ameisenbär dazu zu bewegen, diesen armseligen Ersatz für die geliebten Termiten erst einmal zu probieren. In den wenigen einschlägigen Fachbüchern, die es gab, hatte man dieses Problem schamhaft übergangen.

Manchmal halten Tiere an ihren Vorurteilen mit solcher Sturheit fest, daß sie ein ungewohntes Nahrungsmittel gar nicht erst kosten; in manchen Fällen gehen sie nicht einmal nahe genug heran, um es zu beschnüffeln. Daß das reine Voreingenommenheit ist, habe ich mit der Tatsache bewiesen, daß das Tier später mit Vergnügen jene Speise frißt, die es anfangs mit Horror abgelehnt hat. In manchen Fällen wird das anfänglich zurückgewiesene Nahrungsmittel sogar zur Lieblingsspeise.

Mein Ameisenbär war zwar nicht ganz so engstirnig, aber er beäugte die erste Schüssel mit Milch, rohem Ei und gehacktem Fleisch so mißtrauisch, als handelte es sich um einen von der Familie Borgia angebotenen, vergifteten Imbiß.

Dann hatte ich einen Einfall. Ich brach ein Termitennest auf und holte mir eine Handvoll der großen, ausgesprochen ekelhaft aussehenden Bewohner. Diese streute ich auf ein grünes Blatt, das ich in den Milchnapf legte. Kaum erspähte der Ameisenbär seine Lieblingsspeise, da entrollte er seine lange, klebrige Zunge und machte sich über die Ameisen her. Natürlich glitt seine suchende Zunge auch unter das schwimmende Blatt, und Minuten später schlabberte er das Gemisch auf, als hätte er nie in seinem Leben etwas anderes gefressen oder fressen wollen. Bei der nächsten Fütterung mußte ich ihn nicht einmal mehr mit Termiten locken. Er leckte den Napf aus bis auf den letzten Tropfen und jonglierte auf höchst elegante Weise die letzten Fleischreste mit seiner Zunge in seinen Röhrenmund.

So störrisch neu gefangene Tiere sein können, im allgemeinen kommt ein Punkt, wo sie uns damit überraschen, daß sie plötzlich genau das Gegenteil von dem tun, was sie bisher getan haben. Als ich nach Sierra Leone reiste, wollte ich dort unter anderem eine Gruppe Schwarzweiße Stummelaffen (Guerezas) erwerben. Diese schönen Tiere essen in erster Linie Blätter, und für mich ging es also darum, sie zu bewegen, andere Blätter zu fressen als die, die sie gewöhnt waren. Das ging in drei Phasen vor sich; zuerst mußte ich ihnen beibringen, das Grünzeug zu fressen, das wir im einheimischen Lebensmittelgeschäft bekommen konnten; dann mußten sie lernen, das Futter anzunehmen, das wir ihnen auf der Heimreise bieten konnten; und schließlich mußten sie sich daran gewöhnen, das zu essen, was in Jersey zu haben war. Eingedenk dieser Tatsache ließ ich auf dem Schiff, auf dem wir zurückreisen wollten, kistenweise Salat, Kohl, Karotten, Spinat und ähnliche Köstlichkeiten auf Eis legen, von denen ich glaubte, daß sie die Guerezasaffen reizen könnten. All das wurde natürlich lange vor meiner Ankunft in Sierra Leone arrangiert, noch ehe wir wußten, ob wir überhaupt einen Stummelaffen fangen, geschweige denn bis zur Küste hinunterbringen würden. Wir fingen jedoch schließlich sieben dieser Tiere und brachten sie so weit, daß sie die verschiedenen Gemüse, die das einheimische Lebensmittelgeschäft anzubieten hatte, als Futter akzeptierten.

Dann endlich erreichten wir die Küste und gingen an Bord unseres Schiffes. Augenblicklich wurden die Stummelaffen rebellisch. All die Herrlichkeiten, die wir unter enormem Kostenaufwand beschafft und auf das Schiff transportiert hatten, unsere schönen, frischen Kohlköpfe, unser Spinat, unsere Karotten und Tomaten, all das wurde so entschieden abgelehnt, als wäre es reines Gift. Es wurde zu einem Problem, die Affen überhaupt am Leben zu erhalten. Wir konnten nur eines tun. Meine Sekretärin, Ann Peters, wurde dazu bestimmt, den ganzen Tag nichts anderes zu tun als zu versuchen, die Stummelaffen zum Essen zu bringen, während wir anderen uns um die übrigen Tiere kümmerten. Es wurde ein Machtkampf zwischen den Stummelaffen und Ann, aus dem zum Glück

Ann als Siegerin hervorging. Mit gutem Zureden und mit Drohungen bewegte sie die Affen dazu, wenigstens soviel zu essen, daß sie nicht verhungerten. Wenn wir erst nach Jersey zurückgekehrt waren, sagte ich mir, hatten wir ja Eichen- und Ulmenblätter, mit denen wir die Affen locken konnten, und alles würde besser werden. Kaum jedoch trafen wir in Jersey ein, da gelangten die Affen, die bisher nur ein Minimum gegessen hatten, über Nacht zu dem Schluß, daß die Dinge, die wir ihnen angeboten hatten, eigentlich doch sehr gut schmeckten. Sie aßen plötzlich Kohl, Spinat, Karotten und Tomaten, als könnten sie nicht genug davon bekommen.

Man kann keine festen Regeln aufstellen, denn es verhält sich wirklich jedes einzelne Tier anders als das andere. Auf einer Expedition nach Kamerun in Westafrika gelang es mir einmal, drei Bärenmakis zu fangen. Das sind merkwürdige, kleine keksfarbene Halbaffen, die ein wenig wie Teddybären aussehen. Bis zu diesem Zeitpunkt war es noch nie gelungen, ein solches Tier lebend nach Europa zu bringen. Ich wußte nur von einem Menschen, der es geschafft hatte, eines dieser kleinen Tiere am Leben zu erhalten; Informationen über ihre Lebensweise gab es also kaum. Ich wußte jedoch, daß sie außer Früchten und Knospen auch kleine Vögel zu essen pflegten; dreimal in der Woche also fügte ich ihrem Futter schöne, rundliche Webervögel hinzu. Alle drei Bärenmakis waren von meinem Lager aus innerhalb eines Umkreises von acht Kilometern gefangen worden, alle drei hatten sie bisher unter gleichartigen Umweltbedingungen gelebt. Da ist es wohl verzeihlich, daß wir glaubten, auch ihre Eßgewohnheiten würden die gleichen sein. Doch als jeder seinen Vogel bekam, schlang Bärenmaki Nummer eins das ganze Tier hinunter und ließ nur Füße und Kopf übrig; Nummer zwei aß von seinem Vogel nur die Brust; Nummer drei trepanierte höchst geschickt die Schädeldecke, leckte das Gehirn auf und ließ den Rest liegen.

Wer sich eine Kollektion von Tieren hält, lernt jeden Tag neu, und zwar im allgemeinen mit der Überraschung, daß sie sich in ihrem Geschmack, ihren Vorlieben und Abneigungen so sehr voneinander unterscheiden wie die Gäste in einem großen Hotel. Wir hatten uns noch gar nicht lange in Jersey niedergelassen, als wir entdeckten, daß zwei Tierarten, von denen wir das am wenigsten erwartet hätten, eine schier grenzenlose Leidenschaft für gewöhnliche Heringe zeigten.

Das waren südamerikanische Tapire, die angeblich reine Pflanzenesser sind, und Löwen, die zwar Fleischfresser sind, aber von ihrem Leben in der freien Wildbahn her doch wohl kaum an Heringe gewöhnt sein konnten. Im Fall der Tapire fragten wir uns, ob diese Tiere nicht in der Trockenzeit, wenn die Flüsse zu Rinnsalen versickerten und es für die Fische kein Entkommen gab, die Fische aufsammelten. Daß aber der in der Wildnis lebende Löwe etwa mit schöner Regelmäßigkeit Fisch, und gar noch Heringe, zu sich nimmt, dürfte höchst unwahrscheinlich sein. Der Geruch rohen Herings muß so berauschend gewesen sein, daß unsere Löwen der Versuchung nicht widerstehen konnten, den Hering zu einem festen Bestandteil ihrer Nahrung zu machen.

Was auch immer die Gründe sein mögen, in beiden Fällen waren wir erfreut über diese Vorliebe für Hering; im stark riechenden Heringsfleisch lassen sich nämlich sehr gut Medikamente einschmuggeln. In Fleisch oder Obst würde die Tablette entdeckt und voller Verachtung ausgespien werden. Verbirgt sie sich jedoch in den Tiefen eines richtig fischigen Herings, so ist sie nicht zu bemerken und wird mit schmatzender Befriedigung geschluckt. Die Liste an Täuschungsmanövern dieser Art, die man lernen muß, scheint endlos. Spinnen beispielsweise haben auf manche Vögel die Wirkung eines Abführmittels; bei unseren Menschenaffen hat frische Ananas die gleiche Wirkung. Eine unserer Afrikanischen Zibetkatzen pflegte Bananen stets zu ›töten‹ – nur Bananen, keine anderen Früchte. Sie wandte dabei eine Methode an, nach der vermutlich wilde Zibetkatzen verfahren, wenn sie ihre Beute töten. Zuerst pflegte sie die Banane zu packen und wütend hin- und herzuschütteln, bis die Beute ihrer Meinung nach halb betäubt sein mußte; dann ließ sie sich mehrmals mit der Schulter auf die Banane fallen, bis diese nur noch ein schmieriger Brei war. Nun endlich war das Beutetier tot, und die Zibetkatze konnte sie mit Genuß verzehren.

Wenn Tiere allerdings eine starke Vorliebe für ein bestimmtes Nahrungsmittel entwickeln, muß man vorsichtig sein. Es kann nämlich passieren, daß sie dann überhaupt nichts anderes mehr essen wollen. Wenn man Tiere hält, kommt viel darauf an, zu verhindern, daß sie ihre Kost auf die Dauer langweilig finden. Man versucht es deshalb ständig mit neuen Speisen, man sorgt durch neue Farben und Gerüche für Abwechslung, um keine Monotonie aufkommen zu lassen. Eine Weintraube zum Beispiel enthält nicht mehr als etwas Zucker und viel Wasser; ihr Nährwert ist gering. Dennoch ist sie als Leckerbissen von unschätzbarem Wert, eine aufregende Beilage, so beliebt wie der Wackelpudding bei Kindern. Aber die Gefahr, daß man des Guten zuviel tut und eine Fixierung auf Trauben herbeiführt, darf nicht übersehen werden.

Wir hatten in Südamerika einmal einen Nachtaffen, ein bezauberndes Tier, das an eine Eule erinnert, das einzige Nachttier übrigens unter den Affen. Wir hatten die hübsche Affendame noch gar nicht lange, da verweigerte sie das Futter. Ein bestimmter Grund schien nicht vorzuliegen, da sie bei guter Gesundheit war; doch mit glanzlosen Augen und desinteressiertem Blick stocherte sie lustlos in den Speisen herum, die wir ihr anboten. Es war klar, daß sie dringend etwas Appetitanregendes brauchte. Meiner Frau gelang es wunderbarerweise und unter hohen Kosten – wir waren damals im Matto Grosso –, zwei Dosen Kirschen aufzutreiben. Als wir die Büchsen öffneten, stellten wir fest, daß die Früchte darin mit den Kirschen, die wir kannten, nicht die geringste Ähnlichkeit hatten. Sie sahen aus wie billiger Christbaumschmuck, so knallrot, daß sich wahrscheinlich nicht einmal Schneewittchen hätte dazu überreden lassen, eine anzunehmen. Unsere Nachtäffin jedoch warf nur einen Blick auf die hochroten Früchte und begann zu essen, als wären sie himmlisches Manna. Sie entwickelte eine solche Leidenschaft für die Kirschen, daß sie alles andere Futter ablehnte, und wir konnten sie nur mit viel Mühe und unter großem Zeitaufwand wieder an eine nahrhaftere, wenn auch weniger farbenprächtige Kost gewöhnen.

Ist ein wildes Tier erst einmal eingefangen, dann besteht das größte Problem darin, die Langeweile zu bekämpfen. Auf freier Wildbahn bringt das Tier den größten Teil seiner Zeit mit der Futtersuche zu, und wenn ihm die Notwendigkeit der Suche und die Anregung durch den Hunger entzogen wurde, kann leicht die Langeweile einsetzen. Es geht dem Tier wie dem Menschen, der fünfunddreißig Jahre lang in einem Büro oder einer Fabrik gearbeitet hat und sich plötzlich in den Ruhestand versetzt sieht. Sein Leben ist leer. In vielen Fällen stirbt er bald, aus reiner Langerweile. Tieren geht es ähnlich, deshalb bemüht man sich, gegen diesen Zustand anzukämpfen, indem man beim Futter für Abwechslung sorgt, dem Tier Nahrungsmittel anbietet, die es noch nicht kennt, auch wenn sie nur geringen Nährwert haben, indem man jene Speisen, die mit

Vorliebe gegessen werden und dazu Nährwert haben, in sorgfältig eingeteilten Abständen gibt. Im Idealzoo würde natürlich jedes Tier einzeln gefüttert werden, so daß man genau weiß, was und wieviel es ißt. In vielen Fällen, wenn die Tiere in Gruppen gehalten werden müssen, ist das schwierig oder unmöglich. Wir können wenigstens unsere Menschenaffen und einige andere Tiere einzeln füttern. Bei Krankheit ist es besonders wichtig, die Abweichungen von der Tagesration zu kennen.

Ich sagte schon, daß das Tier einen großen Teil seines täglichen Lebens mit der Futtersuche verbringt. Selbst wenn die Suche erfolglos bleibt, ist sie doch von großer Wichtigkeit. Wir haben beispielsweise festgestellt, daß es kleinen Säugetieren sehr gut tut, wenn wir ihnen so oft wie möglich verfaulende Holzblöcke hinlegen. Das genießerische Einsaugen der interessanten Gerüche, die Anstrengung, die erforderlich ist, den Holzblock auseinanderzunehmen, die hoffnungsvolle Suche nach etwas Eßbaren in dem Haufen verfaulender Rinde und feuchten Holzes – das alles ist für ein Tier von größtem psychologischen Nutzen, auch wenn für den Magen kaum etwas dabei herausspringt. Im Idealfall sollten Tiere natürlich zehn- bis fünfzehnmal pro Tag gefüttert werden; dazu brauchte man jedoch so viel Personal, daß dieses Verfahren, so wünschenswert es ist, völlig unwirtschaftlich wäre. Bei vielen Tieren ist es notwendig, sie zwei- oder dreimal pro Tag zu füttern. Um jedoch eine Gruppe von Tieren zu beschäftigen, ist es nicht nötig, dreimal am Tag eine Mahlzeit mit drei Gängen aufzutischen. Eine Handvoll Mais oder Sonnenblumenkerne in einen Käfig mit Affen oder Eichhörnchen gestreut, reicht sicher nicht, um die Tiere zu sättigen, aber es gibt ihnen stundenlange Beschäftigung, nach den Körnern zu suchen und einander dabei mit Vergnügen anzukeifen.

Wie ich zuvor schon sagte, wurde der Frage, welcher Art die Tierkost in einem Zoo sein soll, in der Vergangenheit kaum Beachtung geschenkt. In vielen Zoos herrscht bei der Ausarbeitung der Speisepläne und bei der Art und Weise, wie die Kost angeboten wird, auch heute noch ein absoluter Mangel an Fantasie. Der bedeutendste Durchbruch auf dem Gebiet der Haltung und Zucht tropischer Tiere wurde wohl mit den ernährungswissenschaftlichen Experimenten und Entdeckungen geschafft, die im Zoo von Philadelphia unter Radcliffe gemacht wurden. Seine Entdeckungen waren für die Haltung und die Zucht wilder Tiere von großer Bedeutung.

Das Gorilla-Haus, einer der kompliziertesten und kostspieligsten Bauten, die wir bis heute errichtet haben.

Weißer Ohrfasan – schön und äußerst selten.

Der Nistplatz der Ibisse – eine aus Granitplatten aufgebaute Felswand.

Jamaika-Ferkelratten – sie ähneln großen, grünbraunen Meerschweinchen; sie watscheln mit weit gespreizten Hinterbeinen umher, als hätten sie gerade die Hose naßgemacht.

Ein Katta, der beim Zuchtprogramm der Lemuren für den ersten Durchbruch sorgte.

Bali, die gutmütigste und dümmste Orang-Utan-Mutter, mit ihrem Kind Surabaja.

Surabaja mit ihrem Spielgefährten Tunku.

Bei seiner Arbeit mit den Tieren in Philadelphia bereitete Radcliffe die Tatsache Kopfzerbrechen, daß gewöhnliche Tiere, obwohl sie langlebig waren, sich nicht fortpflanzten. Empfindlichere Tiere fraßen gut, doch die Sterblichkeit unter ihnen war hoch. Nach vielen Untersuchungen entdeckte er, daß der gefütterten Kost, die auf den ersten Blick durchaus angemessen schien, eine Anzahl von Spurenelementen, Mineralien und Vitaminen fehlte. Er führte eine Reihe von Experimenten durch und entwickelte schließlich eine Art Futterpillen (Pellets), die sämtliche Zusatzstoffe enthielten, die die Tiere benötigten. Diese Pellets wurden zusätzlich zur normalen Verpflegung gefüttert. Das Resultat zeigte sich fast augenblicklich; man hatte größere Zuchterfolge, der Gesundheitszustand der Tiere verbesserte sich ganz allgemein und die Lebensdauer erhöhte sich. Diese Pionierarbeit wurde später von Lang und Wackernagel im Basler Zoo weitergeführt. Radcliffes Futterzusätze wurden in ihrem Anwendungsbereich erweitert und vervollkommnet. Die Ergebnisse waren aufsehenerregend. Zu den bedeutendsten Erfolgen gehört wohl, daß es zum erstenmal gelang, Gorillas in Europa zu züchten.

Als die Ergebnisse der Arbeit in Basel veröffentlicht wurden, fanden sie unterschiedliche Aufnahme. Ein bedeutender englischer Zoodirektor bezeichnete es mir gegenüber als »blanken Unsinn, Tiere ausschließlich mit Pillen zu ernähren«, und ein anderer fortschrittlicher und gar nicht engstirniger Zoodirektor meinte, es wäre »absoluter Blödsinn, Tiere mit Vitaminen vollzustopfen, statt ihnen gutes Futter zu geben«. Da ich den größten Teil meines Lebens auf dem Kontinent verbracht habe, fehlt mir bis zu einem gewissen Grad diese blinde Selbstzufriedenheit des Inselbewohners, die den Engländer auszeichnet. Ich überging deshalb einfach die Tatsache, daß dieser ganze neue Prozeß von Ausländern (Amerikanern) entwickelt und von anderen Ausländern (Schweizern) weiterentwickelt und vervollkommnet worden war. Meiner Ansicht nach war diese Zusatznahrung von großer Bedeutung, und der Mühe wert, sich eingehender damit zu befassen. Ich stattete deshalb dem Basler Zoo einen Besuch ab, und was ich dort sah und hörte, beeindruckte mich tief. Mit dem Entschluß, diese neue Art der Ernährung so bald wie möglich auch bei uns einzuführen, kehrte ich nach Jersey zurück.

Wir führten lange Besprechungen mit Mr. Le Marquand, dem Müller des Zoos, da einige Bestandteile nicht leicht zu beschaffen waren und wir geeignete Ersatzstoffe finden mußten. Schließlich aber wurde uns der erste Kuchen, wie wir diese Zusatznahrung nannten, geliefert. Es hatte lange Diskussionen darüber gegeben, ob die Mischung in Form eines Laibs, eines Biskuits oder in irgend einer anderen Form angeboten werden sollte. Am Ende aber einigten wir uns darauf, bei der Methode des Basler Zoo zu bleiben, wo man sich für einen Kuchen entschieden hatte, der in Stücke von etwa zweieinhalb Zentimeter Länge und gut einem Zentimeter Breite aufgeschnitten wurde. Ernst Lang hatte mich bereits gewarnt, daß meine Tiere, wenn sie ähnlich eingestellt waren wie die seinen, sich der Einführung dieses neuen Nahrungsmittels erbittert widersetzen würden. Er erzählte, daß er in vielen Fällen gezwungen gewesen war, das Tier praktisch hungern zu lassen, ehe es sich bereitfand, die neue Substanz auch nur zu kosten. Jetzt jedoch aßen alle Tiere den Kuchen mit Genuß.

Langs Prognose erwies sich als richtig. Unsere Tiere zeigten sich so entsetzt und voller Abscheu wie ein Missionar, dem man Menschenfleisch *en casserole* angeboten hat. Angesichts solch störrischer Abwehr fragten wir uns, ob unser Kuchen vielleicht anders schmecke als der von Lang. Einige Ingredienzen waren ja nicht die gleichen; war deshalb vielleicht unser erstes Produkt ungenießbar geworden? Wir saßen beieinander wie die Aufsichtsratsmitglieder einer Keksfabrik und testeten unseren Kuchen. Er schmeckte, das fanden wir alle, durchaus akzeptabel und hatte einen angenehmen Beigeschmack nach Nuß. Doch die Tatsache, daß uns der Kuchen schmeckte, half gar nichts. Die Tiere fanden ihn ungenießbar, und daran war nicht zu rütteln. Wir konnten nur eines tun – wir mußten den Geschmack verändern, so daß er für die Tiere reizvoller wurde.

Die meisten Zutaten, die uns zunächst einfielen, hätten durch die Backhitze ihr Aroma verloren. Erst als wir alle am Ende unserer Weisheit angelangt waren, fiel mir plötzlich ein, daß sich Anis jahrhundertelang als Lockmittel beim Fallenstellen und beim Hundediebstahl bewährt hatte. Wir probierten es aus und zu unserer Erleichterung war der Anisgeschmack klar und deutlich auszumachen. Während wir uns die Krumen von den Lippen wischten, stellten wir einhellig fest, daß der Kuchen jetzt köstlich schmeckte. Zu unserer großen Erleichterung waren die Tiere der gleichen Meinung. Es ist heute ein Vergnügen, einem Gorilla zuzusehen, wie er mit dickem, schwarzen Zeigefinger bedächtig in seinem mit allen möglichen Leckerbissen gefüllten Napf wühlt und behutsam die Biskuits herauszieht, um sie mit geräuschvollem Knurren und Brummen, das höchstes Vergnügen verrät, zu verspeisen.

Es gab auch eine Variante dieser Zusatzsubstanz, die speziell für Fleischesser entwickelt wurde. Wir streuten sie über das Fleisch und die anderen Nahrungsmittel, die wir Tieren wie Löwen und Servalen fütterten. In Jersey wird ein großer Teil der männlichen Kälber unmittelbar nach der Geburt oder innerhalb weniger Tage nach der Geburt geschlachtet. Ehe wir uns auf der Insel niedergelassen hatten, vergrub man die toten Tiere einfach. Für den menschlichen Genuß war das Fleisch nicht zu verwenden, da die Kälber zu jung waren. Außerdem hatte das Fleisch gelbes Fett, und Fleisch mit gelbem Fett läßt sich aus irgendeinem Grunde nicht verkaufen. Für uns war das natürlich ein Segen. Es bedeutete, daß wir kostenlos praktisch soviel Fleisch haben konnten wie wir wollten. Es hat selbstverständlich große Vorteile, frisches Schlachtfleisch dieser Art einschließlich Knochen, Haut und Magen füttern zu können. Wir stellten jedoch fest, daß das Fleisch dieser jungen Kälber an Vitaminen und Mineralien nicht die Mengen enthielt, die man im Fleisch ausgewachsener Pferde und Rinder findet. Die fehlenden Substanzen für Fleischesser lieferte nun jene Zusatznahrung.

Ernährungsweise und Krankheit stehen natürlich in direktem Zusammenhang. Füttert man die falsche Kost oder eine Kost, der gewisse Vitamine oder Mineralien fehlen, so öffnet man allen möglichen Krankheiten Tor und Tür. Der schlagende Beweis dafür ist die Geschichte jener tödlichen Krankheit, der Käfiglähmung, die, wie sich herausstellte, mit dem Käfigdasein nicht das geringste zu tun hatte.

Bei den Primaten, besonders jenen der Neuen Welt, gelegentlich aber auch bei denen der Alten Welt, kam eine merkwürdige Art schleichender Lähmung vor, für die es keine Heilung gab. Sie wurde Käfiglähmung genannt, weil man glaubte, sie würde dadurch verursacht, daß die Tiere in zu kleinen Käfigen eingesperrt waren, wo sie nicht genug Bewegung hatten. Man vermutete, daß dies zu einer Muskelatrophie führe. Mir war jedoch aufgefallen, daß die Krankheit auch bei Affen auftrat, die in weiträumigen Käfigen gehalten wurden. Das schien mir darauf hinzuweisen, daß die Krankheit möglicherweise ihren Ursprung in der Ernährungsweise hatte.

Als ich noch Tiersammler war, war diese Krankheit bei den gefangenen Primaten wahrscheinlich die am weitesten verbreitete und die ernsteste – da sie ja allem Anschein nach unheilbar war. Sie befiel zuerst ganz langsam und beinahe unmerklich die Hüften und die hinteren Extremitäten des Tieres. Das Tier fing dann an zu schlurfen anstatt zu laufen und pflegte eine Abneigung dagegen zu zeigen, sich viel zu bewegen. Allmählich versagten die Hinterbeine ganz den Dienst, und die Lähmung griff weiter um sich, bis schließlich der ganze Körper von ihr befallen war. Meist jedoch wurden die Tiere lange vor diesem Stadium eingeschläfert, da die Krankheit, wie ich schon sagte, als unheilbar galt. Während meines Aufenthalts in Südamerika hatte ich mehrere Ausbrüche dieser schlimmen Krankheit unter meinen Affen miterlebt, und als ich nach Hause zurückkam, besprach ich die Angelegenheit mit einer tüchtigen und intelligenten Tierärztin, die ich gut kannte. (Tüchtige Tierärzte lassen sich finden; intelligente sind so selten wie Einhörner.) Sie meinte – wobei sie nachdrücklich darauf hinwies, daß es nur eine Vermutung sei –, die Krankheit könne durch einen Mangel an Phosphor in der Nahrung verursacht werden. Wir prüften die Kost, die ich gefüttert hatte und stellten fest, daß sie ausreichend Phosphor enthielt.

»Dann kann es so sein«, meinte die Tierärztin, »daß die Tiere das Phosphor aus irgendeinem Grunde nicht aufnehmen können.«

Sie schlug vor, ich solle Vitamin D_3 spritzen, das würde den Zustand beheben. Gerade zu dieser Zeit litt keiner der Affen an einer Lähmung; ich verstaute also diese Information in einem der hinteren Schubkästen in meinem Gehirn und vergaß sie.

Erst als wir nach Jersey kamen, erhielt ich Gelegenheit, sie auf ihre Richtigkeit zu prüfen. Wir hatten einen Schwarznasen-Husarenaffen aus Westafrika, ein langgliedriges, behendes Tier mit rötlichem, schwarzgezeichnetem Fell. Er wurde von der Krankheit befallen, und sie schritt so rasch fort, daß der Affe innerhalb kürzester Zeit völlig gelähmt war. Er konnte noch atmen, essen und trinken, aber nur, wenn wir ihm den Kopf hochhielten. Da fiel mir der Rat der Tierärztin ein. Ich besorgte schleunigst D_3. Hinsichtlich der Dosierung kannte ich keine Vorschrift, an die ich mich hätte halten können; doch ich wußte, daß das Mittel als harmlos galt. Deshalb gab ich dem Affen eine massive Dosis. Zu meiner Überraschung zeigte sich schon nach achtundvierzig Stunden eine merkliche

Besserung im Befinden des Affen. Ich gab ihm eine weitere, nicht ganz so hohe Dosis. Es dauerte keine Woche, da konnte er bereits seine Gliedmaßen wieder bewegen, und nach einem Monat sprang er mit solcher Kraft und Lebensfreude in seinem Käfig herum, daß es unglaublich schien, in diesem Tier das kraftlose, bewegungsunfähige Geschöpf vor sich zu haben, das dem Tod so nahe gewesen war.

Besonders anfällig für diese Krankheit waren die Krallenäffchen, und ihre zarten Körper erlagen der Krankheit sehr leicht. Das erste Anzeichen eines schlurfenden Gangs bei einem dieser Tiere war in der Vergangenheit einem Todesurteil gleichgekommen. Jetzt gab es auf der Stelle eine Dosis D_3, und alles war wieder in Ordnung. Leider war es notwendig, eine im Vergleich zur Größe des Tieres massive Dosis zu spritzen, und die Äffchen mochten das gar nicht. Doch es war ja zu ihrem Besten. Heute können wir D_3 zum Glück oral verabreichen, versteckt in ihrem Futter. Es tut gut zu wissen, daß die sogenannte Käfiglähmung besiegt ist, denn nichts ist quälender, als zusehen zu müssen, wie ein sonst gesundes Tier langsam dem Tod verfällt, ohne sich dagegen wehren zu können.

Die Bedeutung dieser Zusätze zum normalen Futter läßt sich, glaube ich, aus den Zahlen unserer Zuchtergebnisse ablesen. Bei jeder Tierkollektion ist die Verpflegung von höchster Wichtigkeit, wenn man gute Zuchtergebnisse erzielen will, und in unserem Fall sind die Zuchtergebnisse das, worauf es uns bei unserer Arbeit am meisten ankommt. Ich habe versucht zu zeigen, daß die Ernährung von Tieren nicht so simpel und einfach ist wie sie erscheint. Wir wissen noch längst nicht alles über die Nahrungsbedürfnisse der Tiere, die in einer kontrollierten Umwelt gehalten werden. In erster Linie liegt das daran, daß wir über die Nahrung in freier Wildbahn und ihre Zusammensetzung kaum etwas wissen. Wir wissen, daß manche Tiere zu bestimmten Zeiten des Jahres gewisse Mineral- oder Salzlecken aufsuchen und sich von gewissen Früchten, Beeren oder Pilzen ernähren; wir wissen aber nichts darüber, welche Bedeutung das für ihren allgemeinen Gesundheitszustand hat. Wir kommen gerade erst dahinter, daß die Kost, die wir bisher den Tieren gefüttert haben, vielleicht abwechslungsreich genug sein mag, um die Tiere am Leben und bei Gesundheit zu erhalten, daß sie aber vielleicht nicht die ausreichende Menge an Vitaminen und Spurenelementen enthält. Und gerade diese spielen vielleicht für die Lebensdauer eines Tieres, für seinen allgemeinen Gesundheitszustand und seine Zeugungsfähigkeit eine entscheidende Rolle.

In der Erkenntnis, wie unerforscht dieses Gebiet noch ist, haben wir kürzlich mit Hilfe einer großzügigen Spende der Freund Foundation in Amerika ein ernährungswissenschaftliches Labor eingerichtet. Unsere erste Aufgabe besteht darin, sämtliche Nahrungsmittel, die wir verfüttern, zu analysieren, so daß wir genau wissen, was sie enthalten. Gleichzeitig werden wir möglichst umfangreiche Informationen darüber zusammentragen, wovon Tiere sich im wilden Zustand ernähren und inwieweit die Ernährung vom Wechsel der Jahreszeiten beeinflußt wird. Auf diese Weise können wir Vergleiche anstellen und, so hoffen wir, die Kost verbessern, die wir den Tieren füttern, können feststellen, was für Vitamine oder Mineralien fehlen und – das ist das wichtigste – wie am besten sich die zu fütternde Kost mit ihnen anreichern läßt. Zu diesem Zweck legen wir eine Versuchsgärtnerei an, in der wir ausgewählte Sträucher, Gemüse, Früchte und Kräuter anbauen wollen, denn es ist selbstverständlich zufriedenstellender, einem Tier das fehlende Vitamin oder Mineral in Form von Gemüse oder Früchten zu geben als in Tabletten. Vielleicht ergibt sich dabei auch der Nebeneffekt, zu entdecken, welche Kräuter, Gemüse und Früchte von den Tieren bevorzugt gegessen werden. Selbst bei einem geringen Nährwertgehalt, wären sie doch als Zusatzgaben oder als Abwechslung im Speiseplan sehr nützlich. Auch die verschiedenen Kräuter und Sträucher können der gewohnten Kost eine neue Würze geben, im Krankheitsfall sogar als Appetitanreger fungieren.

Es ist ferner notwendig zu erfahren – und wir hoffen, das wird uns gelingen, wenn wir die Tiere in ihrer natürlichen Umgebung beobachten –, zu welcher Zeit des Jahres gewisse Nahrungsmittel gegessen werden und warum. Liegt es daran, daß das Nahrungsmittel nur zu einer bestimmten Zeit vorhanden ist, oder ist es das ganze Jahr über leicht verfügbar, und wird aus einem anderen, ganz spezifischen Grund nur zu dieser besonderen Zeit gegessen? Der Koala, ein extremer Nahrungsspezialist, bietet ein Beispiel für das, was ich sagen will. In seiner Ernährung beschränkt er sich auf die Blätter von zwei Eukalyptusarten. Zu bestimmten Zeiten des Jahres wechselt ein Koala von Art X zu Art Y, und zwar aus dem einfachen Grund, weil die Triebe und neuen Blätter der Art X, wenn sie im Wachstum sind, eine tödliche Menge an Blausäure enthalten.

Es ist von großer Wichtigkeit, daß wir über die Ernährungsweise und -gewohnheiten des wilden Tieres mehr in Erfahrung bringen; das Fehlen einer einzigen simplen Zutat kann über Erfolg und Mißerfolg entscheiden. Wenn man behauptet, daß die Tiere in der Wildnis manchmal eine Vorliebe für recht merkwürdige Leckerbissen an den Tag legen, so ist das keine Übertreibung. Es war beispielsweise bekannt, daß sich Krallenäffchen sowohl von lebenden Tieren wie Kletterfröschen, Eidechsen und jungen Vögeln nähren, als auch von Früchten und Knospen. Erst vor kurzem jedoch zeigte sich, daß zu ihrem Speiseplan noch zwei weitere erstaunliche Beilagen gehören: Harz und Fledermäuse. Das Harz holt sich das Tier, indem es mit den Zähnen Furchen in die Borke der Äste gräbt und dann den herausrinnenden Saft aufleckt. Die Fledermäuse werden gefangen, wenn sie bei Tag in hohlen Bäumen hängen.

Wenn die Möglichkeit besteht, daß wir eines Tages Tiere aus der Gefangenschaft wieder in die freie Wildbahn setzen, entweder um ein Gebiet zu bevölkern, wo die Art ausgestorben ist oder um einer gefährdeten Art zu helfen, dann gewinnt die Frage der Ernährungsweise noch größere Bedeutung. Ein extremes, wenn auch gar nicht unwahrscheinliches Beispiel möchte ich aufführen: Eine Eulenart, die seit sieben Generationen in Gefangenschaft lebt und daran gewöhnt ist, weiße Mäuse zu fressen, kann verhungern, wenn sie in der freien Wildbahn nur braune Mäuse findet. Noch ein Aspekt will bedacht sein: Die Mengen an Nahrung, die das Tier in der Wildnis findet, sind weit geringer als jene, die es bekommt, solange es behütet und umhegt in einem Käfig lebt. Es ist gut möglich, daß das Tier vor seiner Freilassung zur Vorbereitung auf reduzierte Kost gesetzt werden muß. Das sind natürlich alles Zukunftsprobleme, aber gerade auf dem Gebiet des Naturschutzes wird die Zukunft mit erschreckender Geschwindigkeit zur Vergangenheit. Das kommt daher, weil wir noch ganz am Anfang dieser Forschungsrichtung stehen.

Am Futter sparen ist falsche Sparsamkeit. Natürlich kann man sich einschränken. Wenn man feststellt, daß Karotten nahrhafter sind als Gewächshaustrauben, versucht man, Karotten zu füttern, die billiger sind. Aber ganz weglassen darf man die Weintrauben nie. Sie haben ihren Nutzen, wenn vielleicht auch nur als Vorspeise oder Appetitanreger. Wenn man mit wilden Tieren zu tun hat, ist es wesentlich, daß für ihren Appetit jederzeit gesorgt ist.

»Wiesel – Manche Leute sagen, sie werden durch das Ohr befruchtet und gebären durch den Mund, während andere behaupten, sie werden durch den Mund befruchtet und gebären aus dem Ohr.«

T. H. WHITE – *The Book of the Beasts*

»Über die Haltung der Haustiere besteht ein umfangreiches, alle denkbaren Einzelheiten ausführlich behandelndes Schrifttum. Fütterung, Züchtung, Vererbung, Pathologie, Dressur usw. sind seit langem Gegenstand gründlicher Untersuchungen und bilden besondere Abteilungen eines eindrucksvollen Lehrgebäudes. Ganz im Gegensatz dazu hat die Lehre von der Wildtierhaltung im Zoo nicht einmal die allgemeinsten Grundrisse aufzuweisen, sondern lediglich eine Summe von mehr oder weniger zusammenhanglosen Einzelrezepten und Einzelfeststellungen.«

HEINI HEDIGER – *Mensch und Tier im Zoo*

»Rebhuhn – Häufige Paarung ermüdet sie. Die Männchen kämpfen miteinander um das Weibchen, und man glaubt, daß das besiegte Männchen sich dem Geschlechtsakt wie ein Weibchen unterwirft. Die Begierde quält die Weibchen so sehr, daß sie schon, wenn der Wind aus der Richtung der Hähne zu ihnen weht, durch den Geruch trächtig werden.«

T. H. WHITE – *The Book of Beasts*

»Bei freilebenden Berggorillas fand G. B. Schaller (1963) in seinem Untersuchungsgebiet Kabara während der ersten sechs Lebensjahre eine Mortalität von 40 bis 50 %; am höchsten ist die Mortalität im ersten Lebensjahr. Dabei ist zu bedenken, daß Gorillas außer dem Menschen nur wenige Feinde haben.«

HEINI HEDIGER – *Mensch und Tier im Zoo*

»Ethel und Bernard kehrten aus ihren Flitterwochen mit einem Sohn und Erben zurück, einem niedlichen, dicken Baby namens Ignatius Bernard.«

DAISY ASHFORD – *The Young Visitors*

Paarungen

Erste Voraussetzung für eine erfolgreiche Zucht ist es, zwei Partner zu erwerben und miteinander bekanntzumachen, die zueinander passen. Viele Leute glauben, es reiche aus, ein männliches und ein weibliches Tier einer Art zusammen in einen Käfig zu sperren. Aber die Paarung ist ein wesentlich komplizierterer Vorgang. Schon die Hochzeitsvorbereitungen sind manchmal äußerst schwierig, und wird gar mit einer selten vorkommenden Tierart eine Hochzeit geplant, dann wird die Ahnenforschung mit solcher Gründlichkeit betrieben, als handele es sich um eine königliche Trauung.

Es kommt auch vor, daß man unter hohem Kostenaufwand und großen Mühen einen Gefährten für ein Tier erworben hat, um dann feststellen zu müssen, daß die beiden Artgenossen sich auf den ersten Blick hassen, oder – und das ist wahrscheinlich noch schlimmer –, daß sie einander tolerieren und sich an ein langweiliges Nebeneinander ohne Nachkommen gewöhnen. Wenn sie sich auf Anhieb nicht mögen, dann weiß man wenigstens, woran man ist; aber wenn sie sich daran gewöhnen, nur gute Freunde zu sein, dann sitzt man in der Klemme. Wird sich aus dieser

Freundschaft eine Geschlechtspaarung entwickeln, und wird sie ein Happy-End haben? Man wartet so gespannt wie bei einem Liebesfilm.

Manchmal wird man mit der Tatsache konfrontiert, daß das einzige Pärchen, das man zur Verfügung hat, sich nicht verträgt. So war es bei unseren Weißen Ohrfasanen. Wir erwarben über einen holländischen Händler zwei Pärchen dieses schönen und äußerst seltenen Fasans vom Pekinger Zoo. Wie es auf freier Wildbahn um diese Fasanenart steht, ist ungewiß; häufig waren diese Vögel nie. Es kann durchaus sein, daß diese Art ausgestorben oder ernstlich gefährdet ist. Die beiden Fasanenpärchen waren seit 1936 die ersten, die aus China exportiert wurden. Als wir sie erhielten, gab es nur noch fünfzehn dieser Fasanen, die in Zoos lebten, und die meisten von ihnen waren entweder zur Zucht zu alt oder sie waren aus anderen Gründen zuchtunfähig. Es war also von höchster Dringlichkeit, daß wir mit unseren beiden Pärchen eine Zucht aufbauten.

Bei der Ankunft war einer der Hähne verdächtig zahm, beinahe lethargisch. Vierundzwanzig Stunden später war er tot. Der Autopsiebefund ergab Aspergillose, eine Pilzkrankheit der Lungen, die gegenwärtig noch nicht zu heilen ist. Damit blieben uns ein Hahn und zwei Hennen. Der Hahn interessierte sich aber nur für eine der Hennen. Doch wie das so ist, starb uns gerade diese Henne als sie so weit war, ihr erstes Ei zu legen. Nun war uns nur noch ein Vogelpaar geblieben und noch dazu eines, das sich nicht vertrug. Unsere Chancen, den Weißen Ohrfasan züchten zu können, standen gleich Null.

Dann trat, wie wir meinten, die endgültige Katastrophe ein. Irgend etwas erschreckte den Hahn in der Nacht, er verfing sich mit einem Bein im Draht und zog sich eine schwere Zerrung zu. Er konnte nur mit Mühe laufen, und wir sagten uns entmutigt, daß er sich in diesem Zustand keineswegs mit der Henne würde paaren können, selbst wenn sie plötzlich einen Reiz auf ihn ausüben sollte, der ihm bisher verborgen geblieben war. Zu unserer grenzenlosen Überraschung jedoch fand er die Henne plötzlich attraktiv, und dank einer akrobatischen Wunderleistung gelang es ihm, sich mit ihr zu paaren. Als Folge dieses Moments der Wonne produzierte sie ihr erstes Gelege, insgesamt neunzehn Eier. Dreizehn der Küken konnten wir unter einer Pflegemutter, einer Zwerghenne, großziehen. Um sicherzustellen, daß sie keine Krankheit hatte, die sie an ihre Pflegekinder weitergeben konnte, wurde sie zuvor einer Kur mit einem

Breitband-Antibiotikum unterzogen. Allmählich vergrößerte sich die Zahl unserer Weißen Ohrfasanen. Wenn wir die Erhaltung der Art in einer kontrollierten Umwelt sichern wollten, mußten wir Zuchtpaare an die Zoologischen Gärten von Washington, Antwerpen und Westberlin sowie an den Pheasant Trust und den Clères Zoo weitergeben – allerdings nur leihweise. Seitdem haben wir insgesamt 112 Vögel großgezogen und können es uns jetzt leisten, Pärchen an ausgesuchte Zoos und Vogelzüchter zu verkaufen. Das Geld aus diesen Verkäufen fließt in ein Sonderkonto, aus dem Käufe seltener Tiere für die Kollektion des Trust finanziert werden. Auf diese Weise helfen die Weißen Ohrfasanen jetzt anderen Tierarten, die ähnlich bedroht sind.

Paarbildung und Jungenaufzucht – das ist bei den Tieren ein unendlich kompliziertes Problem. Abgesehen von den individuellen Zu- und Abneigungen der betreffenden Tiere, gibt es viele andere Aspekte, die berücksichtigt werden müssen. Sind die Tiere, wenn sie in freier Wildbahn leben, außerhalb der Paarungszeit Einzelgänger? Wenn ja, so ergeben sich besondere Probleme. Bei unseren westafrikanischen Zibetkatzen zum Beispiel, die Einzelgänger sind, müssen wir beurteilen, wann das Weibchen in Hitze ist. Nur wenn das eingetreten ist, lassen wir das Männchen zu ihr hinein. Der Zibetkater beißt genau wie der Tiger bei der Paarung das Weibchen in den Nacken; wir können also nur mit Hilfe der Wunden am Hals des Weibchens feststellen, ob die Paarung stattgefunden hat. Dann holen wir das Männchen schleunigst aus dem Käfig, ehe ein wirklich bösartiger Kampf ausbrechen kann.

Wenn wir ein Pärchen haben, das in Glück und Frieden miteinander lebt und sich dennoch nicht paart, dann fragen wir uns, was wir falsch gemacht haben; denn wenn ein Tier nicht wegen körperlicher Mängel zur Paarung unfähig ist, dann können nur noch eine falsche Ernährung oder unzweckmäßige Unterkünfte daran schuld sein. In der Vergangenheit hat man allzu oft ein Tier ohne viel Federlesens als schwierig oder zeugungsunfähig abgestempelt, so, als wäre es die Schuld des Tieres und nicht die des Menschen, wenn es sich nicht normal oder wunschgemäß verhielt. Früher galt es zum Beispiel als »unmöglich«, Nashörner oder Nilpferde zu züchten, doch dann entdeckte man, daß sie sich durch die Anwendung eines kleinen Tricks relativ einfach züchten lassen. Diesen Trick gilt es herauszufinden.

Ich habe immer die Meinung vertreten, daß es keine Tierart gibt, die nicht mit Erfolg auch unter kontrollierten Bedingungen gehalten und gezüchtet werden könne, vorausgesetzt, man hat den ›Trick‹ entdeckt. Was ich damit meine, ist ganz einfach und erscheint fast zu simpel, wenn ich es aufzählen will, denn der ›Trick‹ kann alles mögliche sein: Das Finden des richtigen Geschlechtspartners, der geeignete Raum für die Geburt, die richtige Ernährung, die angemessene Nahrungsmenge, wenn das weibliche Tier trächtig ist, oder vielleicht auch nur die richtige Anzahl von Seilen, an denen gut zu klettern und zu schaukeln ist. Der kleine Trick hilft immer; der Fantasie und dem Einfallsreichtum des Menschen bleibt es überlassen, ihn zu entdecken. Gern würde uns das Tier dabei helfen, wenn wir seine Sprache verstehen könnten.

Es ist ein herrlich befriedigendes Gefühl, wenn man endlich den Trick entdeckt hat und seine Anstrengungen augenblicklich von Erfolg gekrönt sieht. So war es auch bei unseren Bemühungen um zwei Tiere sehr verschiedener Arten. Das eine Tier war der Waldrapp, eine Ibisart, das andere die Jamaika-Ferkelratte, ein kleines Nagetier, das auf der Insel Jamaika zu Hause ist. Beide Tierarten sind vom Aussterben bedroht, und deshalb lag uns viel daran, daß baldigst Zuchtkolonien unter kontrollierten Bedingungen aufgebaut wurden.

Die Zukunft des Waldrapps sieht düster aus, und es scheint kaum eine Chance zu geben, daß er in der Wildnis überlebt. Er ist ein mittelgroßer Ibis mit einem langen, gebogenen Schnabel; mit schwarzem Gefieder, das in glänzendem Lila und Grün changiert, wenn es vom Licht getroffen wird; mit einem nackten, rötlich gefärbten Gesicht und einem merkwürdigen Schopf langer Federn am Hinterkopf. Es sieht aus, als trüge er eine gefiederte Perücke, die ihm nach rückwärts gerutscht ist und nun die kahle Stirn enthüllt. Diese Vögel leben in Kolonien und finden sich zu Brutgemeinschaften an Felshängen zusammen, um ihre Nester zu bauen und ihre Jungen großzuziehen. Es gab eine Zeit, da waren sie vom Nahen Osten über Nordafrika bis in die Schweiz hinein verbreitet.

Die Jagd auf ihre Nistplätze – die Jungen galten als kulinarische Delikatesse – und später die Vergiftung sowohl der ausgewachsenen als auch der jungen Vögel durch DDT und andere Pestizide führten dazu, daß sie aus vielen Gebieten ganz vertrieben und ihre Zahl stark reduziert wurde. Heute sind nur noch etwa 500 Paare übrig. Es gibt nur zwei bekannte Nistplätze: der eine befindet sich in Nordafrika, wo die Waldrapp-Bevölkerung rapide abnimmt – vermutlich infolge der Anwendung von Pestiziden – und wo völlige Zerstörung durch die Errichtung eines Staudamms droht; der andere liegt unglücklicherweise mitten in einem Dorf namens Birecek am Euphrat. In früheren Zeiten genossen die Vögel in diesem Ort einen gewissen Schutz; ihre Ankunft an ihrem Nistplatz wurde durch ein großes Fest angekündigt.

Doch das Dorf Birecek wuchs, die Einwohner wurden ›zivilisierter‹ und ›kultivierter‹, und das Fest fand nicht mehr statt. Fast über Nacht schlug die Stimmung um. Man sah im Eintreffen der Vögel keinen Anlaß mehr zum Feiern, man betrachtete die Tiere nur noch als Plage – ekelhafte Geschöpfe, die so unmanierlich waren, die Einwohner von Birecek zu beschmutzen, wenn sie auf den Dächern ihrer Häuser schliefen. Kleine Jungen erschlugen mit Steinen die Jungen in ihren Felsnestern, während auf den Feldern, wo der ausgewachsene Ibis dem Menschen half, indem er die Insektenlarven fraß, die Erde unter einer Decke von Insektenvernichtungsmitteln erstickt wurde. Obwohl die Internationale Naturschutzunion (IUCN) wie auch der World Wildlife Fund (WWF) sich bemühen, die Einheimischen dazu zu bewegen, die Vögel wieder zu schützen, scheint die Aussicht gering, daß diese Kolonie – mit 250 Paaren die größte – überleben wird. Für die Zukunft dieser Vögel scheint es nur eine Hoffnung zu geben – daß ein kontrolliertes Zuchtprogramm aufgebaut wird, so daß man den Waldrapp später vielleicht wieder in solche Gebiete zurückführen kann, wo er früher einmal heimisch war, etwa in die Schweiz oder nach Nordafrika.

1972 erwarben wir vom Basler Zoo zwei Waldrapp-Paare. Sie waren noch jung, doch sobald sie ausgewachsen waren, machten sie einen erfolglosen Versuch zu nisten. Das Nest, das sie sich bauten, war keine sonderlich geniale Konstruktion, und die Eier, die sie legten, erwiesen sich als unbefruchtet. Kurz darauf, als die traurige Lage des Waldrapps in ihrem ganzen Umfang bekannt wurde, beschlossen wir, ein Zuchtprogramm in Angriff zu nehmen. Zunächst wollten wir versuchen, den Vogel in Gefangenschaft zu züchten, um die Arterhaltung sicherzustellen. Sodann wollten wir darauf hinarbeiten, die Vögel irgendwann in der Zukunft wieder in die Freiheit zurückzuführen. Zu diesem Zweck erwarben wir 1975 von der Universität Tel Aviv zwei weitere Pärchen.

Es zeigte sich bald, daß die Voliere, in der wir die Vögel untergebracht hatten, in irgendeiner Hinsicht unzulänglich war – jedenfalls in den Augen der Vögel. Wir kamen zu dem Schluß, daß wir, wenn wir Erfolg haben wollten, zwei Dinge tun mußten: der Voliere mehr Höhe geben, und den Vögeln einen Felshang bieten, an dem sie nisten konnten. Da uns für dieses Projekt die Mittel fehlten, unterbreiteten wir den Plan unserer Schwesterorganisation in Amerika und erhielten eine großzügige Spende. Als erstes schrieben wir sämtliche Zoos in der Welt an, die Waldrappen besaßen oder je besessen hatten, um uns nach den dortigen Zuchterfolgen zu erkundigen und uns Pläne der Volieren, in denen man die Vögel gehalten hatte, schicken zu lassen. Die Informationen, die wir darauf bekamen, nützten uns großenteils gar nichts, ja, sie waren oft voller Widersprüche. Es gab keine zwei Zoos, die den Waldrapp in etwa gleichartigen Häusern hielten. In einigen Fällen hatten sich die Vögel fortgepflanzt, obwohl sie allem Anschein nach unter wenig befriedigenden Bedingungen hatten leben müssen, während sie in anderen Fällen, wo sie in einer anscheinend freundlicheren Umwelt gehalten wurden, sich geweigert hatten zu nisten. Uns blieb nichts anderes übrig, als beim Bau des Waldrappgeheges unseren Vorstellungen zu folgen und zu hoffen, daß wir den Bedürfnissen und Wünschen der Vögel Rechnung trugen.

Die Waldrappen-Zuchtanlage – als sie endlich fertig war – maß 12 × 6 m mit einer Höhe von 3,60 m. In Abständen waren 1,80 × 0,90 m große Glasplatten in den Drahtzaun eingelassen, und die hintere Wand war aus unbearbeiteten Granitblöcken in Form eines Felshanges aufgebaut. In Abständen waren Nistplätze verschiedener Art in den Fels eingebaut. Da die Vögel in den anderen Zoos sich in Nistplätzen völlig unterschiedlicher Art niedergelassen hatten, hielten wir es für das beste, möglichst viele verschiedene Typen von Nistplätzen anzubieten. In einigen Fällen legten wir Felssimse an – die nach rückwärts, zur Felswand hin leicht abfielen, so daß die Eier und die Jungen nicht herunterfallen konnten; andere Nistplätze wieder bestanden aus Holzbehältern, die aussahen wie Kisten, denen der Deckel und eine Seitenwand fehlten, und die in die Granitwand eingelassen waren.

Der ganze Komplex mit seinem großen Teich, der Felswand und dem großzügigen Flugraum schien uns ideal zu sein. Nun mußten wir nur noch abwarten, ob auch die Ibisse unserer Meinung waren. Nach der Art zu urteilen, wie sie hin und her flogen, auf der Felswand landeten und die Nistplätze inspizierten und dann in ihrer seltsamen, gutturalen Sprache miteinander Konferenz hielten, schien die Voliere ihnen zu behagen. Und bald schon, fast bevor sie noch mit der Geographie ihres neuen Heimes vertraut waren, fingen sie an, Nistmaterial zu den Holzbehältern in der Felswand hinaufzutragen. Mit angehaltenem Atem beobachteten wir, wie zwei Nester gebaut und sieben Eier gelegt wurden. Da sie alle von jungen Vögeln gelegt wurden, hofften wir, daß vielleicht zwei von den sieben Eiern ausgebrütet würden. Am liebsten hätten wir Freudensprünge gemacht, als aus allen sieben Eiern Junge ausschlüpften und die Eltern sechs davon großziehen konnten. Das siebente war ein Schwächling, der rasch einging. Damit hatten wir unsere Kolonie mit einem Schlag nahezu verdoppelt. Die Möglichkeit, später ein Wiedereinbürgerungsprogramm zu starten und die Vögel wieder in die Freiheit zu führen, schien nun gar nicht mehr so entfernt.

Mit den Jamaika-Ferkelratten hatten wir ähnliches Glück. Auch hier hatten wir Erfolg, weil wir den richtigen »Trick« fanden. In diesem Fall bestand er darin, den Tieren ein geeignetes Gehege zu bieten. Wir hatten unsere Ferkelratten auf recht merkwürdigen Umwegen erworben. Jeder Zoodirektor, der seines Platzes würdig ist, unterhält eine ständige Korrespondenz mit den verschiedensten Leuten in den entferntesten Teilen der Welt, immer in der Hoffnung, daß sie ihm eines Tages vielleicht ein seltenes Tier beschaffen können, das er haben möchte. In meinem Fall – da die Leute meine Bücher lesen und mir daraufhin schreiben – reichen meine brieflichen Verbindungen von Peking bis Pernambuco. Unter den Leuten, mit denen ich korrespondierte, war eine Mrs. Nell Bourke, die mir eines Tages von der schönen Insel Jamaika schrieb, wie sehr ihr meine Bücher gefallen hätten. Höchst unvorsichtigerweise fügte sie hinzu, daß sie jederzeit gern versuchen würde, mir behilflich zu sein, falls ich je ein bestimmtes, auf Jamaika heimisches Tier für unseren Zoo haben wolle. Sie machte das Angebot in aller Unschuld, und ich bin sicher, daß ihr Übles schwante, als sie postwendend mein Antwortschreiben erhielt, in dem ich anfragte, ob es ihr möglich sei, einige Jamaika-Ferkelratten zu beschaffen. Doch da sie das Angebot einmal gemacht hatte, blieb Nell Bourke dabei und machte sich zusammen mit ihrer Freundin Mary MacFarlane auf die Ferkelrattenjagd.

Zunächst mußten natürlich amtliche Genehmigungen eingeholt werden, da die Ferkelratte zu den wenigen einheimischen Säugetieren auf Jamaika gehört, die – obwohl sie regelmäßig gejagt und, wenn aufgestöbert, verspeist wird – streng geschützt ist. Diese paradoxe Einstellung trifft man übrigens leider nicht nur in Jamaika an. Nachdem alle Genehmigungen beschafft waren, heuerten Nell Bourke und Mary MacFarlane einen Ferkelrattenjäger mit dem wohlklingenden Namen Ferdinand Frator an. Diesem gelang es tatsächlich zur allgemeinen Überraschung – auch zu seiner eigenen –, drei lebende Ferkelratten einzufangen: Mutter, Vater und Kind. Nell Bourke hatte von mir bereits eine umfangreiche Liste mit Ratschlägen und Instruktionen bekommen, die sie auf dieses, wie ich glaubte, unwahrscheinliche Ereignis vorbereiten sollte. Dazu hatte ich ihr genaue Zeichnungen der Transportkisten geschickt. Sie sahen aus wie die Pläne der russischen Raketenabschußbasen in Kuba, und wenn man sie bei Mrs. Bourke gefunden hätte, wäre sie zweifellos verhaftet worden. Nach vielen Mühen und Beschwernissen wurden die Ferkelratten schließlich in ihre Transportkisten verfrachtet und per Flugzeug abgesandt. Nell Bourke schickte mir folgendes Telegramm: ›Ankunft Ferkelratten Londoner Flughafen Flug BEA xxx. Beten Sie. Nell.‹

Zu unserer Freude trafen alle drei Ferkelratten gesund und wohlbehalten ein, nicht im geringsten beunruhigt, so schien es, durch den langen Flug. Sie ähnelten großen, grünlich-braunen Meerschweinchen und hatten eine höchst amüsante Art, sich zu bewegen. Mit weit gespreizten Hinterbeinen, als hätten sie gerade ihre Hosen naßgemacht, watschelten sie umher. Als wir ihr Geschlecht prüften, stellten wir zu unserer Enttäuschung fest, daß das Junge ein Männchen war. Als ich Nell Bourke vom gesunden Eintreffen der Tiere benachrichtigte, fügte ich hinzu, daß es mir zwar fernläge, geschenkten Ferkelratten ins Maul zu schauen, daß aber ein Verhältnis von zwei männlichen Tieren zu einem weiblichen nicht gerade das gesündeste wäre, wenn man ein ernstzunehmendes Zuchtprogramm aufziehen wollte. Ob sie, erkundigte ich mich taktvoll, den edlen Mr. Frator wohl noch einmal in Dienst nehmen und versuchen könnte, einige Familien mehr zu beschaffen. Ich werde es Nell Bourke nie vergessen, daß sie es trotz all der traumatischen Erlebnisse, die sie beim Fang der ersten Ferkelratten durchgemacht hatte, auf sich nahm, nochmals auf die Jagd zu gehen. Zu unserer Überraschung und Freude war der Erfolg durchschlagend. Innerhalb kurzer Zeit also hatten wir vier Pärchen.

Nach unseren Erfahrungen mit dem ersten Trio waren wir zu dem Schluß gekommen, daß wir, wenn wir ein ernsthaftes Zuchtprojekt aufbauen wollten, den Tieren eine neue und bessere Unterkunft bieten mußten. Wieder stellte unsere Schwesterorganisation in den Vereinigten Staaten uns die Mittel zur Verfügung. Im Säugetierhaus bauten wir eine Reihe von Käfigen mit Glasfronten, von denen jeder mit hölzernen Tunnels und Schlafräumen ausgestattet, mit großen Holzklötzen möbliert und von rotem Licht erleuchtet war, das uns ermöglichte, die Tiere zu sehen, während die Tiere selbst das Gefühl hatten, in völliger Dunkelheit zu leben. Wir kehrten ihren Tag- und Nachtzyklus um, indem wir bei Nacht Lichter einschalteten, die wir bei Tag ausschalteten, wobei dann nur das rote Licht weiterbrannte. Innerhalb kürzester Zeit gewöhnten sich die Ferkelratten daran, während unseres künstlichen Tages friedlich zu schlafen und während der künstlichen Nacht, die wir geschaffen hatten, damit die Besucher sie beobachten konnten, munter ihren wichtigen Geschäften nachzugehen.

Wie bei den Waldrappen dauerte es auch bei den Ferkelratten nicht lange, ehe sie ihr Wohlgefallen an ihrer neuen Umgebung kundtaten. Binnen drei Monaten bescherte uns die erste Familie Zwillinge. Die Kleinen, etwas größer als Goldhamster, waren vom Moment der Geburt an voll bewegungsfähig, und sie aßen schon festes Futter, als sie erst vierundzwanzig Stunden alt waren. In rascher Folge zeigten dann zwei weitere Paare ihr Behagen an dem neuen Heim, indem sie für Nachwuchs sorgten, einmal Zwillinge und einmal Drillinge. Es war bezaubernd, den drei Elternpaaren mit ihren Jungen zuzusehen. Die Kleinen waren voller Temperament, watschelten eilig in ihren Käfigen umher, hüpften auf und nieder wie Gummibälle und stießen schrille, kleine Schreie aus, während sie im Stroh und rund um die Holzklötze Verstecken spielten. Manchmal schossen sie zu ihren geduldigen und geplagten Eltern hin, ließen sich auf ihren rundlichen, kleinen Gesäßen nieder und begannen Vater oder Mutter ins Gesicht zu schlagen. Wenn die Eltern davon genug hatten, pflegten sie das Kleine auf den Rücken zu rollen und behutsam in den Bauch zu beißen, während der Sprößling mit allen vieren um sich schlug

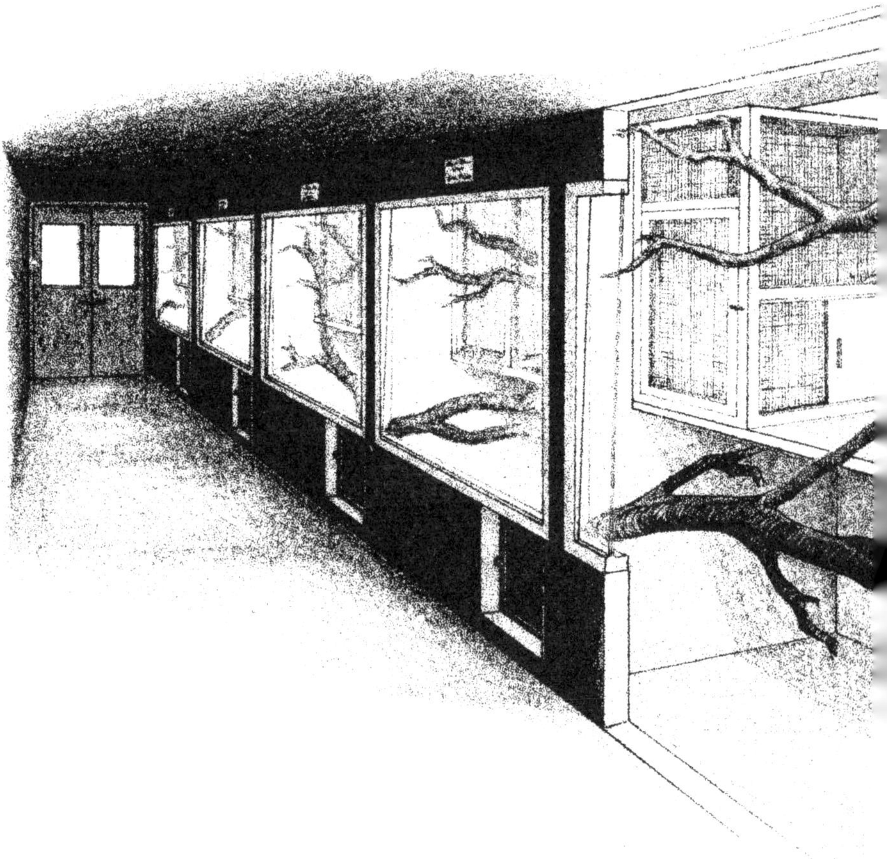

und laut quiekte vor Vergnügen. Es war uns eine Freude, den wohlgenährten Kleinen bei ihrem ausgelassenen Spiel mit den Eltern zuzusehen; doch es war ernüchternd, sich daran zu erinnern, daß wir von jenem Tag an, als ich Nell Bourke das erstemal geschrieben hatte, drei Jahre gebraucht hatten, um diesen befriedigenden Erfolg zu erzielen.

Gelegentlich kommt es natürlich vor, daß man gar nichts falsch macht. Es kann sein, daß die fragliche Tierart lange Zeit braucht, um sich

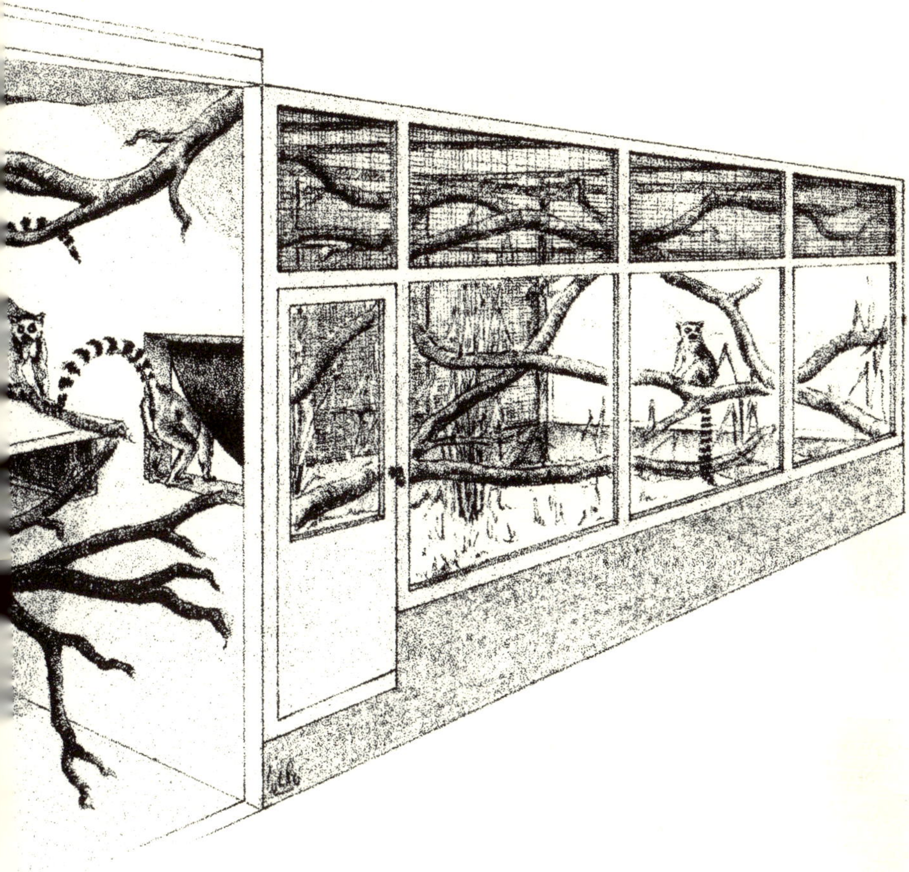

einzugewöhnen und ihre neue Umgebung als heimisches Revier zu betrachten. Unsere Lemuren, sechs Arten sind es insgesamt, haben uns endlose Schwierigkeiten gemacht, und erst jetzt haben wir langsam das Gefühl, daß wir das Richtige tun und allmählich Fortschritte machen.

Im Grunde lag das Problem meiner Ansicht nach darin, daß die Tiere eine ungewöhnlich lange Zeit brauchten, sich in ihrer neuen Umgebung einzuleben. Die madegassische Fauna, und insbesondere die Lemuren, befinden sich in einer ziemlich schlimmen Lage. Unter dem Druck einer stetigen Zunahme der menschlichen Bevölkerung, der wie immer zur gedankenlosen Zerstörung von Wäldern führte, um Acker- und Weideland zu gewinnen, wurde eine Situation geschaffen, die jetzt so weit gediehen ist, daß die natürliche Umwelt dieser großen und zoologisch interessanten Insel – die auf ihre Art so faszinierend ist wie Australien – in schwerer Gefahr ist. Es gibt einige Tierarten, die mit der Bedrohung durch die zahlenmäßige Überlegenheit des Menschen, mit seiner erbarmungslosen Zerstörung der Umwelt fertig werden; aber andere Arten, darunter viele Lemuren, werden wahrscheinlich innerhalb der nächsten fünfzig Jahre ausgestorben sein.

Unsere Lemuren waren in verschiedenen, verstreut liegenden Häusern untergebracht worden. Obwohl sie munter und gesund waren, hatten sie niemals das Bedürfnis gezeigt, sich fortzupflanzen. Wenn wir einen ernstzunehmenden Beitrag zur Errichtung von Zuchtkolonien leisten wollten, sagten wir uns, dann brauchten unsere Lemuren eine neue Unterkunft.

Unser neues Lemurenhaus besteht nach seiner Fertigstellung aus fünf Einheiten. Der überdachte Raum, der den Besuchergang einschließt, bietet den Lemuren heizbare Innenkäfige von je 2,4 × 1,5 m bei 2,7 m Höhe. Von dort geht es in die Außenkäfige, die 6 m lang, 2,4 m breit und 3 m hoch sind. Der Abschluß jedes Schlafraums und jedes Außenkäfigs am Ende ist aus Glas, so daß die Lemuren ungehindert die Besucher, und die Besucher ungehindert die Lemuren beobachten können.

Von Anfang an fühlten sich die Lemuren – Vari, Komorenmaki, Mongoz und Katta – in ihrem neuen Heim wohl. Die Käfige blicken nach Süden und sind sehr weiträumig. Die Verpflegung der Lemuren war gewissenhaft ausgearbeitet worden. Wir hatten uns dabei von unseren eigenen Beobachtungen leiten lassen, uns aber auch die Erfahrungen von zehn anderen Lemurenkolonien, die in der ganzen Welt verstreut waren, zunutze gemacht. Jetzt, so meinten wir, brauchten wir nur noch die Hände in den Schoß zu legen und auf die Babywelle zu warten.

Zu unserem Kummer und unserer Verwunderung kamen aber keine Babys. Trotz aller Enttäuschungen, die wir mit anderen Tierarten schon erlebt hatten, sind wir immer wieder bestürzt und bekümmert, wenn wir nach unendlichen Mühen, mit denen wir um das Wohl der Tiere besorgt waren, feststellen müssen, doch nicht das Richtige getan zu haben. Obwohl die Lemuren mit herzhaftem Appetit aßen, bei Tag und Nacht aus voller Brust sangen und sich so begeistert und ungeniert wie Teilnehmer an einer altrömischen Orgie begatteten, warteten wir doch vergeblich auf den Nachwuchs.

Dann aber, nach langer Zeit, brachen endlich die Kattas den Bann. Polly, unser jüngstes Weibchen, brachte einen Sprößling zur Welt. Leider jedoch lag er tot auf dem Boden des Käfigs, als wir ihn fanden. Das Röntgenbild zeigte, daß in den Lungen keine Luft war, womit bewiesen war, daß der Kleine tot geboren und nicht gestorben war, weil die Mutter ihn vernachlässigt hatte. Der Autopsiebefund ergab, daß er keinerlei innere Schäden hatte. Es war eben einfach Pech. Aber ganz unerwartet traf es uns nicht, denn wir hatten schon oft festgestellt, daß die ersten Jungen vieler Tierarten nicht lebensfähig sind. Es ist beinahe so, als wären der Körper eines jungen weiblichen Tieres und sein Mutterinstinkt noch nicht voll entwickelt, wenn es sein erstes Kind bekommt; es scheint, als wäre eine erste Fehlgeburt nötig, um für die Zukunft zu üben. Die Geschichte hatte uns aber zumindest gezeigt, daß Polly fruchtbar war und daß sie einen gewissen Mutterinstinkt besaß; das Junge war nämlich sorgfältig gesäubert, die Nabelschnur durchgetrennt und die Nachgeburt gefressen worden. Bei ihrem zweiten Jungen, das im folgenden Jahr geboren wurde, hatte sie keinerlei Schwierigkeiten mehr und zog es mühelos groß. Wir hoffen, daß sie jetzt, wo sie mit Nachwuchs Erfahrung hat, keine Probleme mehr haben wird.

Als Polly die Dinge einmal ins Rollen gebracht hatte, zogen die anderen Lemuren nach. Die nächste Geburt war die eines Komorenmakis. Auch hier war die erste Geburt eine Totgeburt. Inzwischen jedoch haben wir drei normale Geburten gehabt. Aber vom Umzug der Lemuren in ihr neues Haus bis zum Tag der ersten Geburt vergingen drei Jahre; das zeigt wohl, wieviel Zeit und Geduld aufgewendet werden muß, um ein erfolgreiches Zuchtprogramm aufzubauen. Zeit und Geduld braucht man besonders bei der Aufzucht einer Tierart, die in freier Wildbahn von einem baldigen Untergang bedroht ist.

Die Fortschritte innerhalb des Zuchtprogramms mehren Stufe um Stufe auch die Schwierigkeiten. Hatte man Glück bei der Partnersuche und auch den rechten Moment getroffen, die Tiere – falls sie Einzelgänger sind – zusammenzuführen oder gegebenenfalls entdeckt, wie das männliche Tier zu stimulieren ist (vielleicht mit mehr als einem Weibchen oder auch einem Rivalen), dann kommt der große Augenblick, wo das Weibchen, um das es geht, trächtig wird. Jetzt steht der Züchter vor der schwierigen Frage, ob er die Partner zusammenläßt oder nicht. Entscheidet er sich für das erstere, kann es eine Katastrophe geben; der Vater kann das Junge töten oder die Mutter allein durch seine Gegenwart dazu zwingen, es zu tun; andererseits kann die Anwesenheit beider Elternteile wesentlich sein für das Gedeihen der Nachkommenschaft.

Zwei Probleme, mit denen wir im Fall unserer Primaten zu kämpfen hatten, geben vielleicht eine Vorstellung von den Schwierigkeiten auf dem Heiratsmarkt der Tierwelt. Unter den südamerikanischen Krallenäffchen hat seit beträchtlicher Zeit eine Art Frauenemanzipation um sich gegriffen, ganz unauffällig und mit viel Erfolg. Unmittelbar nach der Geburt – wobei es sich meist um Zwillingsgeburten handelt – reicht das Weibchen die Jungen an den Vater weiter, der sie zu säubern und zu beaufsichtigen hat. Von diesem Moment an spielt das männliche Tier bei der Aufzucht der Jungen eine große Rolle. Regelmäßig nimmt der Vater der Mutter die Kinder ab und schleppt die immer schwerer werdenden Sprößlinge herum.

Um festzustellen, wie wichtig die Rolle des Vaters bei der Aufzucht eigentlich ist, beobachteten wir über eine gewisse Zeitspanne hinweg den Tagesablauf einer Rothandtamarin-Familie mit Zwillingen. Das Ergebnis war faszinierend; es zeigte deutlich, wie die körperliche Arbeit des Herumtragens der Jungen geteilt wurde. Das ist ein sehr wichtiger Faktor; die Jungen kehren nämlich, auch wenn sie mit zunehmender Entwicklung mehr auf eigene Faust herumspazieren, immer wieder zu den Eltern zurück, wenn sie Zuwendung brauchen oder sich aufgeregt haben. In dem beobachteten Fall starb der Vater ganz unerwartet, als die Jungen drei Tage alt waren. Die Mutter mußte nun die beiden Kleinen allein großziehen. Das gelang ihr gut, doch am Ende, als die Jungen halb so groß waren wie sie und gelegentlich immer noch getragen werden wollten, zeigte sich deutlich, wie stark ermüdend und anstrengend das für sie war. Doch sie entzog sich ihrer Aufgabe nicht, und die beiden Jungen wuchsen gesund heran.

Besonders interessant an diesem Fall war, daß damit trotz der Schwierigkeiten, mit denen das Weibchen fertig werden mußte, zum erstenmal Rothandtamarins in Gefangenschaft großgezogen werden konnten. Und es zeigte sich deutlich, daß bei Marmosetten und Tamarins dem männlichen Tier bei der Aufzucht der Jungen eine ungemein wichtige Rolle zufällt, auch wenn das Weibchen, falls es eine gute Mutter ist und die nötige Entschlossenheit besitzt, die Jungen ohne ihn großziehen könnte. Es liegt auf der Hand, daß der Vater in einem solchen Fall beim Weibchen gelassen und nicht von ihm getrennt werden darf, wenn die Jungen zur Welt kommen.

Wir bekamen einmal Besuch von einem Mann, der in einem sehr bekannten Zoo eine hohe Stellung bekleidete. Während er unsere jungen Krallenäffchen bewunderte, gestand er, daß er gerade mit dieser Tiergruppe wenig Erfolg hatte. Die Tiere hatten sich zwar gepaart, und es waren auch Junge geboren worden, aber sie waren alle gestorben. Von den Verhaltensweisen der Krallenäffchen wußte er offensichtlich wenig, denn er fügte ganz hoffnungsvoll hinzu, das nächstemal würde er sicher mehr Glück haben, da er die Absicht hätte, das männliche Tier von der Familie zu trennen.

Die Frage, ob das männliche Tier von der Familie getrennt werden soll oder nicht, löst in Zookreisen immer wieder Kontroversen aus, doch zu einer allgemein gültigen Antwort kommt man nicht. Die Antwort darauf hängt nicht nur von der Art ab, der die Tiere angehören, sondern auch von jedem einzelnen Tier. Doch ganz gleich, wie gut man sein männliches Tier zu kennen glaubt – ja, selbst wenn es biologisch gesehen empfehlenswert ist, es bei den Jungen zu lassen –, es kann dennoch passieren, daß die Jungen getötet werden. Je seltener die Tierart, desto größer ist natürlich das Risiko und desto schwieriger wird die Entscheidung.

Orang-Utans kommen wahrscheinlich am seltensten vor und deshalb ist ihre Existenz in freier Wildbahn am stärksten bedroht. Wenn die ständige Verringerung der wild lebenden Bestände der Borneo-Orang-Utans und der in Sumatra heimischen Unterart nicht rigoros eingedämmt wird, dann, so schätzt man, wird dieser faszinierende, rote Primat in der freien Wildbahn in spätestens zwanzig Jahren ausgestorben sein. Wenn diese Vorhersage stimmt – und beunruhigenderweise scheint sie wirklich zu stimmen –, dann kommt alles darauf an, daß Zoologische Gärten Zuchtkolonien dieser Tiere aufbauen, und zwar nicht nur, um zu verhindern, daß die Zahl der wild lebenden Tiere noch weiter verringert wird, sondern auch, um dafür zu sorgen, daß diese Tierart überlebt, wenn auch nur in Gefangenschaft.

Wir hatten das Glück, sowohl Borneo- als auch Sumatra-Orang-Utans erwerben und mit Erfolg züchten zu können. Als Bali, das Weibchen unserer Borneo-Orang-Utans, trächtig war, trennten wir sie von ihrem Gefährten Oscar, da wir alle darin übereinstimmten, daß Oscar, so prächtig und temperamentvoll er war, ein wahrer Teufel sei. Keiner wollte vorhersagen, wie er auf ein Baby reagieren würde. Er führte deshalb ein Junggesellenleben, während Bali ihr Kind austrug. Sie brachte schließlich ein prachtvolles, kerngesundes weibliches Baby zur Welt, das wir Surabaja tauften.

Bali war so lieb und sanft und dümmlich, daß wir geneigt waren, sie für etwas schwachsinnig zu halten. Es war ein Glück für uns, daß wir diese wenig schmeichelhafte Meinung von ihr hatten; obwohl sie nämlich ganz hingerissen von ihrem Baby war, hatte sie nicht die leiseste Ahnung, was sie mit ihm anfangen sollte. Es ist heute allgemein bekannt, daß bei den Menschenaffen die Kinder ihre Sexualerziehung dadurch erhalten, daß sie den Erwachsenen zusehen; ein junges männliches Tier lernt also das Decken, indem es einem Vater zusieht, und ein junges weibliches Tier lernt von seiner Mutter, wie man mit einem Baby umgeht. Wenn aber ein Menschenaffe in sehr frühem Alter gefangen wird, dann hat er keine Gelegenheit, diese Techniken zu erlernen, und das kann, wenn es zur Fortpflanzung kommt, große Schwierigkeiten auslösen.

Bali war zu uns gekommen, als sie zwei Jahre alt gewesen war. Sie hätte also eigentlich Gelegenheit haben müssen, Kinderstubengepflogenheiten zu beobachten. Vielleicht hatte sie das nur vergessen; sie war ja, wie ich schon sagte, sehr lieb und sanft, aber nicht gerade intelligent. Wie dem auch sei, sie war entzückt über ihre Tochter, säuberte sie sehr schön und nahm sie dann fest in ihre Arme. Und das war, was sie betraf, alles, was ein Baby brauchte. Der arme Säugling, bald auf ihrer Hüfte, bald auf ihrem Rücken, dann wieder auf ihrem Kopf hängend, suchte verzweifelt und vergeblich nach einer Brustwarze, an der er seinen Durst hätte stillen können, während Bali tatenlos dasaß und strahlte.

Schließlich blieb uns nichts anderes übrig, als zu ihr in den Käfig zu gehen und ihr zu zeigen, wie man ein Baby zum Stillen hält. Es dauerte einige Tage, ehe es uns gelang, ihr das beizubringen, aber schließlich begriff sie und schien begeistert von diesem neuen Aspekt der Babypflege. Es war traurig, daß Oscar, das Männchen, starb, während Bali Surabaja großzog. Ich werde später noch auf diesen Todesfall zurückkommen. Als es Zeit wurde, Surabaja von ihrer Mutter zu trennen, verkuppelten wir Bali mit einem jungen männlichen Orang-Utan, den wir Giles genannt hatten. Obwohl Giles wesentlich jünger war als Bali, fanden sich die beiden gut miteinander zurecht, und wir hofften, sie würden sich bald mit Erfolg paaren.

Leider aber besitzt Giles einen ausgesprochen sadistischen Zug und macht sich ein Vergnügen daraus, uns zu frustrieren, wo er kann. Als wir versuchten, Urinproben von Bali zu nehmen, um feststellen zu lassen, ob sie schwanger war, tat Giles was in seiner Macht stand, um das zu verhindern, und er hatte großen Erfolg dabei. Wir versuchten es natürlich immer wieder, ließen uns jedoch von der Tatsache einlullen, daß Bali nicht so *aussah*, als wäre sie schwanger. Orang-Utans haben im allgemeinen sowieso recht hübsche Schmerbäuche, so daß schwer zu erkennen ist, ob ein Weibchen schwanger ist oder nicht; Bali jedoch war während ihrer ersten Schwangerschaft ungeheuer dick gewesen; jetzt hingegen wirkte sie nur leicht aufgebläht. Wir waren sicher, daß sie nicht schwanger war. Doch eines Tages – wir versuchten immer noch, Giles ein Schnippchen zu schlagen und uns von Bali eine Urinprobe zu holen –, gebar Bali ihr zweites Kind. Es kam in den frühen Morgenstunden, und als das Personal seinen Dienst antrat, hatte Giles das Junge genommen und getötet. Jetzt wußten wir mit Sicherheit, daß Giles aus dem Käfig entfernt werden mußte, ehe Bali wieder gebar. Doch dieses Wissen war teuer erkauft, und dieser Zwischenfall warf unser Zuchtprogramm um ein ganzes Jahr zurück.

Bei unseren Sumatra-Orang-Utans, Gambar und Gina, lag die Situation anders. Gina war ein etwas sauertöpfisches und unzuverlässiges Wesen, während Gambar einer der intelligentesten Menschenaffen war, die kennenzulernen ich je die Ehre hatte. Kaum stand man ihm gegenüber und blickte in seine wachen, aufmerksamen Augen, da spürte man schon den starken Intellekt. Er war uns von der Zoological Society of London als Leihgabe zur Verfügung gestellt worden und hatte, während er noch dort gewesen war, ein Junges gezeugt. Er war im Käfig geblieben, als es geboren wurde, daher wußten wir, daß er keine kindesmörderische Neigung besaß. Dennoch – Gambar war ein so kraftvolles, temperamentvolles Tier, er schwang sich und kletterte mehr als alle anderen Orang-Utans zusammen –, wir fürchteten, er könnte, ohne es zu wollen, das zarte Baby während seiner ausgelassenen Schwünge töten oder verletzen. Wir hatten Ginas und Gambars Käfig auf die gleiche Weise voneinander abgeteilt wie die Gorillakäfige, mittels eines Gitters, das entfernt werden konnte. Wenn Gambar auf der einen Seite und Gina und das Kind auf der anderen Seite waren, dann konnte er seinen Sprößling wenigstens sehen und sogar berühren, wenn Gina es erlauben würde, es bestand aber keine Gefahr, daß er es versehentlich zertrampeln könnte, wenn er im Käfig seine Zirkusnummern zum besten gab.

An dem Sonntag morgen, an dem Gina unseren Berechnungen nach niederkommen sollte, sah Philip Coffey, der Leiter unserer Menschenaffenstation, daß sie versuchte, aus Sägespäne ein Nest zu machen, und daß sie rastlos im Käfig umherwanderte. Wir gaben ihr einen halben Ballen Stroh, mit dem sie augenblicklich ein Nest baute. Nachdem das getan war, legte sie sich mit weit gespreizten Beinen auf den Rücken. Sehr bald und ganz ohne Komplikationen kam das Baby, ein schönes männliches Tier, zur Welt. Jetzt durfte Gambar Gina und seinen Sprößling durch das Gitter sehen, und er legte auch ein gewisses Interesse an den Tag.

Nach etwa siebenundvierzig Tagen, als das Baby, das wir Tunku getauft hatten, sich entwickelt hatte und kräftig geworden war, spielte Gina regelmäßig mit ihm, indem sie es mit Füßen und Händen von ihrem Körper weghielt und in der Luft baumeln ließ. Danach ließ sie das Kind häufig allein an der Gitterwand, wo es herumkletterte. Gambar streckte dann die Hände zwischen den Stangen hindurch, um es zu berühren und mit ihm zu spielen. Dabei verhielt er sich immer bemerkenswert sanft. Man bedenke, welch ein großes und temperamentvolles Tier Gambar war. Manchmal hockte er sich auf den Boden und schob die Hände zwischen den Stangen hindurch. Tunku setzte sich dann auf die offenen Hände seines Vaters und ließ sich auf und nieder heben. Diese Übung schien sowohl dem Vater als auch dem Sohne großen Spaß zu machen. Als der Kleine dann kräftig und beweglich genug war, wurde Gambar zu ihm und Gina hineingelassen. Er benahm sich tadellos. Manchmal kletterte und tobte Tunku erbarmungslos auf seinem Vater herum, dann wieder

hen? Wenn sie einander tatsächlich ignorieren, heißt das dann, daß sie vielleicht allmählich Gefallen aneinander finden werden, oder waren alle Mühen und Kosten umsonst? Jeder, der sich einbildet, daß alle Individuen einer Art unter gegebenen Umständen sich auf die gleiche Weise verhalten, hätte dabei sein sollen, als wir Jambo mit N'Pongo und Nandi bekanntmachen. Es war in jedem Sinn des Wortes eine klassische Szene.

Wir hatten die Weiber in eines der drei Abteile des Schlafraums eingesperrt, so daß sie durch die Gitterwand in den dritten Schlafraum hineinsehen konnten, in den wir Jambo bringen wollten. Zwischen dem Mann und den beiden Weibern befanden sich also ein Abteil des Schlafraums und zwei Gitterwände. Auf diese Weise war eine Pufferzone geschaffen worden, und so konnte jedes Risiko vermieden werden, bis wir uns eine Vorstellung davon machen konnten, wie die drei Gorillas auf unsere Pläne reagieren würden. N'Pongo und Nandi merkten an all der ungewohnten Geschäftigkeit, daß etwas Ungewöhnliches vorging, aber sie hatten keine Ahnung, worum es sich handelte, da Jambo noch immer unsichtbar in seiner Transportkiste saß.

Der Augenblick kam, der Schieber an Jambos Kiste wurde hochgehoben, die Tür zum Schlafraum wurde aufgeschoben, und Jambo, massig und kohlschwarz, von einer Wolke des knoblauchähnlichen Geruchs umgeben, der dem Gorillaschweiß eigen ist, stolzierte mit vorgeschobenen Schultern wie ein Profiboxer der Schwergewichtsklasse in den Käfig. Er sah sich mit einem raschen, alles umfassenden Blick um, bemerkte die beiden Weiber, ließ jedoch keine Reaktion erkennen. Einen Moment lang kauerte er nieder, um sich gebieterisch umzublicken, dann begann er gemessenen Schritts einen Spaziergang durch den Schlafraum, wobei er jeden Winkel und jede Nische mit Interesse musterte, die beiden Weiber jedoch immer noch vollkommen ignorierte. Die Wirkung seines Gehabes auf die Weiber war faszinierend. Beide waren, als sie den Schieber gehört hatten, hervorgekommen und hielten gespannt Ausschau; doch als Jambo, dunkel und schön, in ihr Gesichtsfeld trat, reagierte jede auf eine uns völlig unerwartete Weise.

Wir hatten geglaubt, daß, wenn eine der beiden überhaupt sofortiges Interesse zeigen sollte, es die freundlich veranlagte, extravertierte N'Pongo sein würde. Nandi neigte immer zu Mißtrauen und Verschlossenheit. Doch kaum kam Jambo in Sicht, da maß N'Pongo ihn mit einem gründlichen Blick, wandte sich ab und ging davon. Die Haltung ihres breiten Rückens verriet abgrundtiefe Verachtung. Sie gab mit Entschiedenheit zum Ausdruck, daß sie am anderen Geschlecht und an Jambo im besonderen kein Interesse hatte. Die Wirkung auf die reservierte Nandi war ganz anders und bezaubernd in ihrer Komik. Nandi hockte ein wenig abseits vom Gitter, als Jambo in ihr Blickfeld kam. Sie warf nur einen Blick auf die massige Gestalt und reagierte so, wie etwa ein Schulmädchen reagieren würde, wenn plötzlich ihr Lieblingspopsänger, nur mit einer Gitarre bekleidet, in ihr Schlafzimmer träte. Der Ausdruck auf ihrem Gesicht zeigte Ungläubigkeit und grenzenlose Verwunderung; nichts hatte sie auf dieses Wunder vorbereitet. Niemand hatte ihr erzählt, daß es so etwas wie einen schönen männlichen Gorilla überhaupt gab. Sie warf einen langen Blick auf Jambo und verliebte sich unsterblich in ihn.

Es tut mir leid, wenn diese Schilderung unwissenschaftlich und anthropomorph klingt, aber in der nüchternen Sprache des Biologen kann man diesen Moment nicht beschreiben. Nandi schlenderte zum Gitter, ohne den Blick von dieser herrlichen Erscheinung zu wenden, und klammerte sich beinahe verzweifelt an die Gitterstangen, während sie völlig reglos und aus großen Augen den scheinbar desinteressierten Jambo anstarrte. Sie war wie in Trance, verfolgte jede seiner Bewegungen. Einmal verschwand er im Lauf seiner Erkundungstour minutenlang hinter der Wand. Nandi war augenblicklich zutiefst bekümmert; sie rannte hin und her, um zu sehen, wohin er verschwunden war. Als er schließlich immer noch nicht wieder auftauchte, gelangte sie zu dem Schluß, daß er durch die Klappe ins Freigehege hinausgegangen war. Sofort rannte sie zu ihrer eigenen Klappe, bückte sich und versuchte, durch die untere Ritze zu spähen. Zum Glück für ihre Seelenruhe erschien Jambo wieder. Er lutschte ganz nonchalant an einem Stück Orange und ignorierte Nandis offen gezeigte zügellose Leidenschaft. Erleichtert, ihn wiederzusehen, bezog sie erneut Posten am Gitter und starrte ihn ehrfürchtig und anbetend an. N'Pongo hatte inzwischen ein paar Nüsse geknabbert, durch das Fenster zu uns hinausgeschaut und sich dann auf ihrem Bord niedergelegt, ohne die Anwesenheit Jambos auch nur im geringsten zu beachten.

Als wir die Gorillas schließlich zueinander ließen, entsprach das Verhalten der beiden Weiber im großen und ganzen ihrer ersten Reaktion. Es war offensichtlich, daß N'Pongo, die so viele Jahre lang in ihrem Reich die Herrscherin gewesen war, dem Neuankömmling mit Mißtrauen und Eifersucht, aber auch mit einer gewissen Vorsicht begegnete. Sie beschloß, an ihrer Politik festzuhalten, und so zu tun, als existiere der Zweieinhalb-Zentner-Mann Jambo gar nicht. Nandi andererseits benahm sich jetzt, wo sie dem Objekt ihrer Leidenschaft nahe war, wenn möglich noch hingebungsvoller als zuvor. Sie pflegte sich keinen halben Meter entfernt vor ihm niederzuhocken und ihn aus liebesglühenden Augen wie verzaubert anzustarren. Nach einer Weile erlaubte ihr Jambo, sein Haar zu pflegen, wenn er sich in die Sonne legte. Ihre Wonne kannte keine Grenzen. Wenn sie sich an seinen massigen Körper lehnte, trug ihr Gesicht einen Ausdruck des Stolzes und der Vernarrtheit, so echt menschlich, daß es uns zum Lachen reizte. N'Pongo grämte sich etwas über diese Liaison, doch sie beherrschte Nandi weiterhin. Zwischen Jambo und N'Pongo jedoch entwickelte sich nun eine unglückselige Beziehung.

Jambo war, so erfahren er auch sein mochte, immer noch sehr jung und voll jugendlichen Überschwangs und frecher Spitzbüberei. Er wußte, daß N'Pongo ihn nicht mochte, und gerade das reizte ihn zur Boshaftigkeit. Er fing an, N'Pongo alle möglichen Dummejungsstreiche zu spielen, und so etwas kann, wie wir wissen, auf die Dauer recht zermürbend sein. Er pflegte urplötzlich auf sie zuzuspringen, wenn sie es am wenigsten erwartete, oder drehte sich, wenn er an ihr vorübertrottete, plötzlich um, stürzte auf sie zu und zerrte sie an den Haaren. Augenblicklich griff N'Pongo ihn dann an, und er lief davon. Diese Neckereien gingen so lange, bis N'Pongo fuchsteufelswild wurde und ihm mit Wutgeschrei nachsetzte, begleitet von Nandi, die zwar pflichtschuldigst ihre Partei ergriff, aber mit dem Herzen nicht dabei war. Es lag auf der Hand, daß Nandi solche Aufmerksamkeiten von Jambo als ein Vergnügen und eine Ehre aufgefaßt hätte, und daß sie über N'Pongos Reaktion einigermaßen verwundert war.

Jambo kannte natürlich wie alle übermütigen Spitzbuben kein Ende. Ernstliche Verletzungen brachte er N'Pongo nie bei, höchstens ein paar kleinere Bißwunden und Kratzer – Kleinigkeiten für Gorillas. Doch kaum merkte er, daß er sie so weit bringen konnte, völlig die Beherrschung zu verlieren, da neckte er sie erbarmungslos. N'Pongo lief bald so müde und vergrämt herum, wie die Ehefrau eines Komikers, die sich den ganzen Tag die Witze ihres Mannes anhören muß. Schlimmer war, daß sie anfing, Kondition zu verlieren. So sehr es uns widerstrebte, wir mußten sie von Jambo trennen. Nandis Zeit teilten wir zwischen Jambo und N'Pongo auf, um zu vermeiden, daß Jambo sich langweilte und N'Pongo allzu eifersüchtig wurde.

Dann kam N'Pongo in Hitze und plötzlich ging ihr auf, wozu ein männlicher Gorilla, auch wenn er ein aufreizender Frechdachs war und nichts als dumme Streiche im Kopf hatte, eigentlich da war. Ziemlich direkt warb nun sie durch die Gitterstäbe des Schlafraumes hindurch um ihn, und als die beiden zusammen gelassen wurden, fand die Paarung fast augenblicklich statt. Solange N'Pongo in Hitze war, duldete sie Jambo. Wenn sie auch nicht die schwärmerisch anbetende Liebe von Nandi zeigte, so gab sie sich doch den Genüssen der Fleicheslust rückhaltlos hin. Doch kaum war die Hitzeperiode vorbei, da stellte N'Pongo die frühere Beziehung zu Jambo wieder her. Sie mußten erneut getrennt werden. Obwohl sie im Laufe der Monate etwas duldsamer wurde, fand sie ihn im Grund nur dann akzeptabel, wenn sie in Hitze war. Uns hätte es vieles erleichtert, wenn sie in Harmonie mit ihm zusammengelebt hätte, aber wir mußten dankbar genug sein, daß sie sich wenigstens mit ihm gepaart hatte. Das war schließlich die Hauptsache. Auch Nandi war, als sie in Hitze geriet, von ihm beglückt worden, und jetzt konnten wir nur noch warten und hoffen, daß beide Weiber fruchtbar waren, gesunde Nachkommen zur Welt bringen und sich als gute Mütter erweisen würden.

Endlich erhielten wir aus dem Labor die aufregende Nachricht, daß beide Weiber schwanger waren. Nandi kam als erste nieder. Dieser Geburtstag unseres ersten Gorilla war ein Tag, den wir nie vergessen werden. Er war nicht nur für uns persönlich von großer Bedeutung, sondern ganz allgemein, da es ja erst in den sechziger Jahren das erstemal gelungen war, einen Gorilla in Gefangenschaft zu züchten und seitdem nur 47 dieser Tiere großgezogen werden konnten. Wir hofften sehr, daß Nandis erste Niederkunft keine Komplikationen bringen würde. Mit Hilfe einer Fernsehkamera, die wir im Käfig installiert hatten, konnten wir Nandi rund um die Uhr beobachten und dank dieser Einrichtung sahen wir eines abends gegen acht Uhr, daß bei Nandi die Wehen einsetzten. Augenblicklich trat die Operation Gorilla in Kraft.

Im Laufe der Monate, während Nandi und N'Pongo immer rundlicher

Gambar, ein Sumatra-Orang-Utan, einer der intelligentesten Menschenaffen, den kennenzulernen ich die Ehre hatte.

Jambo, ein ungewöhnlich kräftiger Gorilla, schwarz und stattlich, mit einem recht humorvollen Ausdruck.

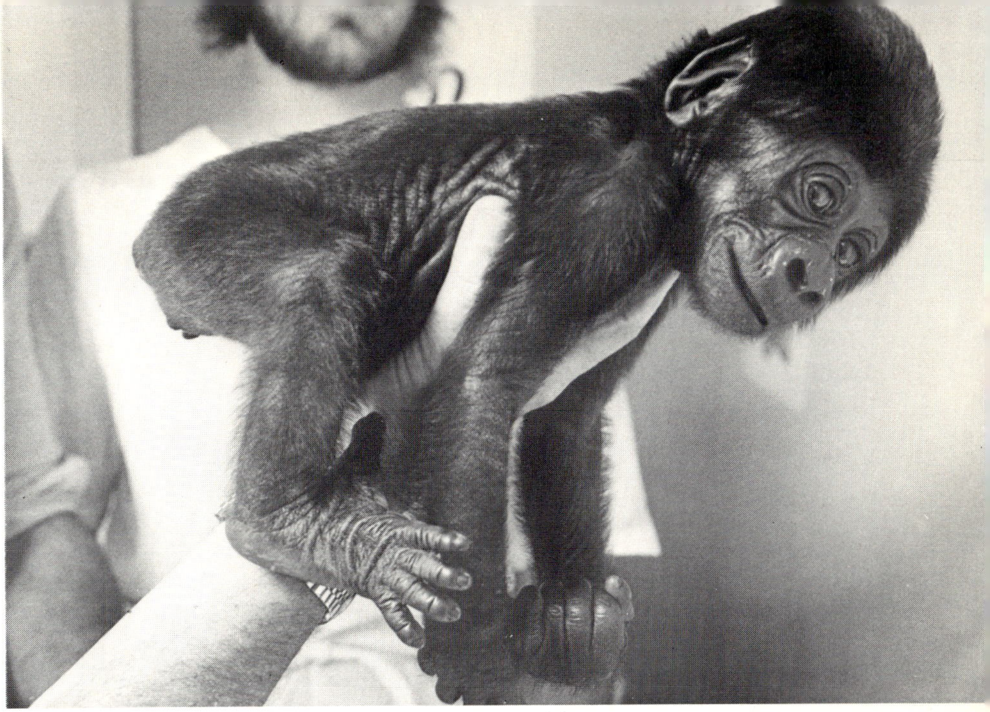

Gorillababys: oben - Assumbo wird vom Tierarzt, der seine Reflexe prüft, hochgehalten, und unten: Bamenda beim Nachahmen, das Teil einer Serie von psychologischen Untersuchungen ist.

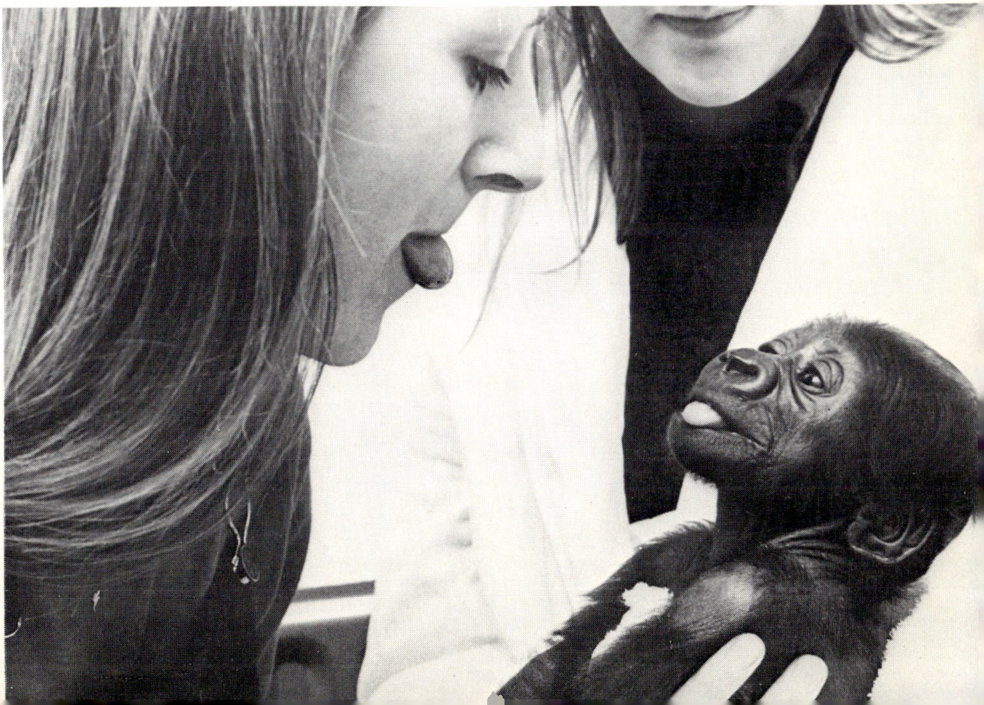

Tatu, N'Pongos zweites Kind und wahrscheinlich das hübscheste, das bisher im Zoo großgezogen wurde. Oben mit der Flasche, unten bei Kauübungen.

wurden, hatten wir die notwendigen Vorkehrungen getroffen, um für jede Eventualität gewappnet zu sein. Wir konnten nicht davon ausgehen, daß beide Gorillas sich als gute Mütter erweisen würden, und wir konnten auch nicht davon ausgehen, daß die Geburten ohne Schwierigkeiten verlaufen würden. Deshalb mußte jede Möglichkeit, vom Kaiserschnitt bis zu der Notwendigkeit, die Kinder von den Müttern zu trennen und mit der Flasche großzuziehen, in Betracht gezogen und dafür Vorsorge getroffen werden. Für den letzteren Fall hatten wir ein Zimmer im Manor als Kinderstube eingerichtet. Es hatte ein Waschbecken und Schränke. Wir installierten unsere zwei Brutkästen und stellten für später, wenn die Kinder größer wären, große Wäschekörbe hinein, die als Betten und Spielkisten dienen konnten. Die Wände und die Decke dekorierten wir mit ausgeschnittenen Walt-Disney-Figuren. Für eine gleichmäßige Temperatur im Kinderzimmer sorgte ein Thermostat. Außerdem bauten wir eine Waschmaschine und einen Trockner für die Windeln ein. Auch Vorräte an Babyöl, Babylotion, Milchflaschen, Thermometern und Gummihosen lagen parat. Für die Einrichtung dieses Kinderzimmers hatten wir viel Geld ausgegeben und viel Zeit und Mühe investiert, trotzdem hofften wir sehr, daß wir es nicht würden brauchen müssen.

Als bei Nandi dann an jenem denkwürdigen Abend die Wehen einsetzten, hatten wir jede menschenmögliche Vorsichtsmaßnahme getroffen. Alles andere war jetzt Nandis Sache. Wir konnten nur zusehen und bereit sein zu helfen, wenn es notwendig werden sollte.

Die Nacht war zermürbend. Von der ersten Wehe bis zu dem Moment, als Nandi das Baby in ihren Armen hielt, vergingen neun Stunden und vierundzwanzig Minuten. Unseren Informationen zufolge hatte in den anderen Zoos eine Gorillageburt noch nie so lange gedauert. Das Junge wurde in Gesichtslage geboren, daher die ungewöhnlich langen Wehen. Es kam ein Moment, als Nandi die bisher längste bekannte Geburtsdauer überschritten hatte, wo wir ernsthaft, wenn auch widerstrebend daran dachten, einen Kaiserschnitt vorzunehmen. Dann jedoch entschieden wir uns dagegen, da Nandi, wenn sie auch Schmerzen litt und unruhig war, körperlich in guter Verfassung war. Wir beschlossen, noch zu warten; ein Kaiserschnitt ist eine Operation, die man nur vornimmt, wenn es nicht mehr anders geht. Zum Glück wurde Nandis Kind geboren, ehe die Frist um war, die wir uns gesetzt hatten.

Von der ersten Wehe an bis zum Moment der Geburt, wurde alles, was Nandi tat, aufgeschrieben. Es entstand eine Art Logbuch von insgesamt 260 Eintragungen, einer der umfassendsten wissenschaftlichen Beobachtungsberichte, die von einer Gorillageburt je gemacht wurden. Nandi säuberte ihr Baby sehr gründlich und aß dann die Nachgeburt. Sie drückte das Kleine mit großer Zärtlichkeit eng an ihren Körper, so daß in uns große Hoffnungen erwachten, daß alles gutgehen würde. Aber die Enttäuschung kam schon bald; denn Nandi hatte keine Ahnung, daß der kleine Gorilla genährt werden mußte. Als er vier Stunden nach der Geburt versuchte, bei der Mutter zu saugen, zog sie ihn von der Brustwarze fort.

Länger als zweiunddreißig Stunden hatte man unseres Wissens noch nie ein Gorillababy bei seiner Mutter gelassen, ehe man es von ihr trennte und mit der Flasche großzog. Nandis Baby jedoch war kräftig genug und so erpicht darauf, bei der Mutter zu saugen, daß wir es vierzig Stunden bei ihr ließen. Doch ohne Erfolg. Widerstrebend nur luden wir das Narkosegewehr und verabreichten Nandi ein Beruhigungsmittel. Dann nahmen wir das Baby aus dem Käfig und brachten es in das Kinderzimmer hinauf. Zunächst legten wir es in den Brutkasten. Die ersten Fütterungen des Kleinen, über die er sich gierig hermachte, bestanden aus Glukose und Wasser; danach fütterten wir ihn mit Dextrose, und er nahm rasch an Gewicht zu. Wir tauften ihn Assumbo, nach einem Gebiet in Kamerun, dem westlichsten Teil Afrikas, in dem Flachlandgorillas heimisch sind. Assumbo entpuppte sich als ein ungewöhnlich braves Baby.

Drei Monate später war N'Pongo an der Reihe. Leider gab sie durch keinerlei Vorwarnungen zu erkennen, daß es bald so weit sein würde, und da wir für ihre Niederkunft mehrere mögliche Daten errechnet hatten, kam uns das Ereignis völlig überraschend. Wir erfuhren davon erst, als eines morgens um acht Uhr unser Kurator für Säugetiere, Quentin Bloxam, seinen Dienst antrat und N'Pongo auf ihrem Bord hockend vorfand, auf dem Boden das mit den Armen wedelnde, wimmernde Junge, das N'Pongo völlig ignorierte. N'Pongo hatte die Plazenta gegessen, das Kleine gesäubert und es dann, in der Meinung, daß sie damit das Ihre für die Zukunft der Gorillas getan hätte, auf den Boden gelegt und es sich selbst überlassen. Quentin öffnete die Klappe, die ins Freigehege hinausführte, und N'Pongo marschierte an ihrem wimmernden Sprößling vorbei, ohne auch nur einen Blick an ihn zu verschwenden. Offensichtlich glaubte sie, alles weitere wäre nun unsere Aufgabe. Quentin rettete das schreiende Baby, und es wurde zu Assumbo in die Kinderstube gebracht. Auch dieses Kind war ein männlicher Gorilla, und wir tauften ihn Mamfe, nach einer Gegend in Kamerun, wo ich während meiner Sammelexpeditionen in Westafrika oft mein Lager aufgeschlagen hatte.

Die beiden Kleinen wuchsen und gediehen, der Brutkasten wurde mit dem Korb und der Spielkiste vertauscht und später, als sie allzu ungebärdig wurden, mit einem Käfig im Säugetierhaus. Hier, wo sie Sonne und frische Luft bekamen, wuchsen sie noch rascher, zerschlugen ihre Spielsachen und trommelten sich auf die Brustkästen wie erwachsene Gorillas, um zu beweisen, wie stark und wild sie waren.

Sie hatten sich in ihrer neuen Umgebung kaum eingewöhnt, als frischer Nachwuchs im Kinderzimmer einzog. Nandi und N'Pongo brachten im Abstand von wenigen Wochen ihre zweiten Kinder zur Welt. Wieder mußten wir sie leider den Müttern fortnehmen. Nandis zweites Baby war ein Weibchen, das wir Zaire nannten. Ihre Geburt war für uns ein Grund zum Feiern, denn bisher zeigt die Geburtenstatistik der Gorillas in Gefangenschaft, daß überwiegend männliche Tiere geboren werden. N'Pongos zweiten Sprößling nannten wir Tatu. Er war das hübscheste männliche Gorillababy, das wir bis heute gesehen hatten, seinem Vater wie aus dem Gesicht geschnitten. Gegenwärtig ist Nandi zum drittenmal schwanger, und ich zweifle nicht daran, daß N'Pongo es ihr nachtun wird. Wenn diese zwei Geburten normal verlaufen, dann haben wir in drei Jahren sechs Gorillas gezüchtet und das ist weiß Gott nicht schlecht, wenn man bedenkt, daß die erste Gorillageburt 1956 gemeldet wurde, also vor knapp siebzehn Jahren. Bis heute konnten nur vierundsiebzig Gorillas großgezogen werden. Wenn es uns gelingt, wenigstens drei von unseren Gorillakindern großzuziehen, um für die Zukunft eine gute Zuchtgruppe zu haben, dann können wir über dieses Ergebnis schon sehr froh sein. Unser Ziel ist es, Zuchtgruppen aufzubauen, die sich selbst erhalten, so daß es unnötig wird, wildlebende Gorillas zu fangen. Aus unserer Zuchtkolonie können wir dann an andere Zoologische Gärten Gorillas abgeben.

»Dieses Tier hat im Auge einen Stein, auch Yena genannt, von dem man glaubt, daß er einem Menschen die Fähigkeit verleiht, in die Zukunft zu sehn, wenn er ihn unter die Zunge steckt. Es stimmt, daß ein Tier, wenn ein Yena dreimal um es herumgeht, sich nicht mehr rühren kann. Aus diesem Grunde wird behauptet, daß es eine Art Zauberkraft besitzt.

In einem Teil von Äthiopien paart es sich mit einer Löwin, und aus dieser Verbindung geht ein Ungeheur hervor, das als Crotote bekannt ist. Dieses kann die Stimmen von Menschen nachahmen. Es heißt, daß es seinen Kopf wegen seines steifen Rückgrats nicht nach rückwärts wenden kann und in dieser Richtung nichts sieht. Es hat kein Zahnfleisch im Mund, und einen starren Zahnknochen, der wie ein kleiner Kasten zuklappt, so daß er durch nichts abgestumpft werden kann.«

T. H. WHITE – *The Book of Beasts*

»In der Forschung sind Wildtiere oft das Rohmaterial der Zoologie, und ihr Weiterleben ist aus diesem Grunde wesentlich. Wir müssen über unsere eigene Entwicklung, unser Verhalten, unsere Krankheiten und vor allem über unsere Beziehungen zur natürlichen Umwelt noch viel lernen. Der Mensch hat die Macht, die Natur bis zu einem gewissen Grade unter seine Kontrolle zu bringen; gleichermaßen jedoch ist er ein Teil dieser Natur, und wenn er sich selbst besser verstehen wil, dann kann er sich nur im engsten Zusammenhang mit der Natur und den Wildtieren sehen.«

CAROLINE JARVIS – *The Value of Zoos for Science and Conservation*

Märchen, Fakten und Notizen

Es ist augenscheinlich, daß der Mensch von den ökologischen Zusammenhängen auf dieser Erde immer noch viel zu wenig weiß. In vielen Teilen unseres Planeten zerstören wir mit so beängstigender Geschwindigkeit, daß nicht einmal Zeit bleibt, dem, was wir zerstören, einen Namen zu geben oder es wissenschaftlich zu beschreiben, geschweige denn, seine biologische Bedeutung zu entdecken. Man sollte aber nicht vergessen, daß wir, wenn wir eine Tier- oder Pflanzenart ausrotten, damit eine Reihe anderer Geschöpfe gefährden oder vernichten, deren Existenz von der ausgerotteten Art abhängig ist. Wenn man einen Baum fällt, dann tötet man nicht nur einen Baum, sondern man zerstört gewissermaßen eine große, geschäftige Stadt; so viele verschiedene Geschöpfe nämlich leben in und vom Baum. Was wir tun, kann weitreichende Wirkungen haben; Wirkungen, die letztlich die Menschheit zu spüren bekommt, und zwar auf höchst unangenehme Weise. Ein englisches Sprichwort besagt, ›Man kann die Natur mit der Mistgabel austreiben, aber sie kommt immer zurück‹. Damit trösten sich viele Menschen. Doch das Wort, auf das man hier achten sollte, ist ›Mistgabel‹. Als die Mistgabel noch die modernste Waffe im Kampf des Menschen gegen die Natur war, hat das natürlich gestimmt; jetzt aber vertreibt man die Natur mit Pestiziden, Planierraupen, Kettsägen, mit von Menschen herbeigeführten Überschwemmungen oder produziertem Schmutz. Man geht so erbarmungslos, gründlich und rasch vor, daß sie gar nicht zurückkehren kann.

Ich bin es oft sehr müde, mich von den Leuten fragen zu lassen, wozu die Tiere, die ich zu erhalten versuche, eigentlich gut sind. Welchen Nutzen kann irgend ein obskures Tropengeschöpf für einen Menschen in Sydney, Chicago, Stalingrad oder Peking haben?

Die Antwort ist zweiteilig. Zunächst einmal besitzen wir nicht das geringste moralische Recht, eine Art, deren Entwicklung Millionen von Jahren gedauert und die auf ein Leben auf diesem Planeten das gleiche Recht hat wie wir, einfach auszurotten. Tatsächlich hat sie auf ein Leben hier sogar mehr Recht als wir, da sie nicht versucht hat, die ihr von der Natur gesetzten Grenzen zu überschreiten, und in den meisten Fällen folglich dem Wohl ihrer Umwelt dient.

Zweitens, wenn man schon die arrogante und gottähnliche Haltung einnehmen muß, daß ein Ding nur ein Existenzrecht hat, wenn es dem Menschen nützt – dieses Kapitel der Schöpfungsgeschichte hat einiges zu verantworten –, dann ist die Antwort auf die Frage: »Wozu sind sie gut?« ganz einfach die, daß wir bis jetzt auch nicht die geringste Ahnung davon haben, was für die Menschheit gut und was für sie nicht gut ist.

Wenn wir die Welt zu unserem Wohl manipulieren wollen, ohne sie zu zerstören, dann müssen wir erst einmal wissen, wie die Welt funktioniert, und wir müssen uns darüber im klaren sein, daß vielleicht gerade irgendein unbekanntes, scheinbar nutzloses Geschöpf für uns von höchstem Nutzen sein kann.

Nehmen wir nur diese drei Beispiele:

In England war die Grafschaft Sussex berühmt für ihren Weißklee. Das Auskommen vieler Menschen hing vom Gedeihen dieser Futterpflanze ab. Plötzlich jedoch gedieh der Klee aus unerfindlichen Gründen nicht mehr. Die Bauern konnten tun, was sie wollten, es half nichts. In ihrer Verzweiflung baten sie schließlich einen Biologen um Hilfe. Daß sie zufällig einen Mann namens Charles Darwin wählten, war reines Glück. Nachdem Darwin sich mit dem Problem befaßt hatte, teilte er den besorgten Bauern mit, daß nur eines vonnöten war – mehr Katzen. Die bodenständigen Söhne der Erde glaubten natürlich, der alte Knabe hätte den Verstand verloren.

Es schien, daß es nur eine Art von Hummeln gab, deren Rüssel lang genug waren, für die Befruchtung der Kleeblüten zu sorgen. Diese Hummeln bauen ihre Nester an den Böschungen in den Straßenhecken. Dort aber lebte eine Feldmausart, die offenbar eine Leidenschaft für Süßigkeiten hatte; die Feldmäuse gruben die Nester der Hummeln aus und fraßen die Jungen und den Honig. Vermutlich gab es unter den Feldmäusen eine Bevölkerungsexplosion, und die Zahl der wilden Mäusejäger reichte nicht aus, um damit fertigzuwerden. Die Plünderungen der Hummelnester nahmen so überhand, daß sie sich verheerend auf die Klee-Ernte auswirkten.

In Brasilien überlegte man sich, daß es unökonomisch sei, eine so edle Frucht wie die Paranuß im Wald aufzusammeln, wo die Natur sie so unordentlich und ganz ohne System verstreute. Da war es doch viel vernünftiger, die Nußbäume in Reih und Glied in Plantagen anzubauen, wie das auch mit anderen Fruchtpflanzen getan wurde. Man ging also ans Werk, die Bäume wuchsen und blühten, aber Nüsse trugen sie zur Verblüffung aller Beteiligten nicht. Untersuchungen zeigten eine ähnliche Situation auf wie bei dem Klee und den Hummeln. Die Blüte des Paranußbaumes ist offenbar so gestaltet, daß sie nur von einer bestimmten Bienenart befruchtet werden kann, die ausreichend Kraft besitzt, eine Art Falltür aufzustoßen, um in die Blüte einzudringen. Diese Insekten aber stellten fest, daß es auf der Plantage, wenn die Blütezeit der Paranußbäume vorbei war, keinen Nektar mehr gab, von dem sie sich nähren konnten. Da ist es nicht verwunderlich, daß sie die unnatürliche Plantage links liegen ließen und im Wald blieben, wo sie das ganze Jahr hindurch ausreichend Nahrung fanden.

Dann wäre da noch der Fall des Gürteltieres, eines wahrhaft obskuren Wesens, von dem man meinen sollte, daß es dem Menschen kaum von Nutzen sein kann. Allenfalls könnte man sein Fleisch essen oder – wie es die Leute in Paraguay tun – aus seiner gepanzerten Haut Gitarren anfertigen. Nun liegt es jedoch nach neuesten Forschungen durchaus im Bereich des Möglichen, daß sich dieses Tier für die Menschheit von ungeheurem Nutzen erweisen kann. Versuche lassen vermuten, daß sich der menschliche Leprabazillus in seinem Körper durch seine ungewöhnlich niedrige Körpertemperatur in ausreichender Menge vermehren kann, so daß die Entwicklung eines Impfstoffes gegen Lepra möglich wird. Ferner sind Krebsforscher der Auffassung, daß das Studium an Leprapatienten darüber Aufschluß geben wird, warum Menschen, die an Krebs leiden, ihre Tumoren nicht abstoßen können.

Diese drei Beispiele sollten deutlich machen, daß das, was wir am dringendsten brauchen, das Wissen um die biologischen Zusammenhänge in unserer Welt ist.

Der Durchschnittsmensch wird auf die Frage, wozu seiner Meinung nach ein Zoo gut ist, fast immer die Antwort geben: »Zum Vergnügen.« Nur wenige Leute werden vielleicht sagen: »Damit wir die Tiere studieren können.« Wenn die Zoologischen Gärten vom Publikum heute als Vergnügungsstätten abgewertet werden, so haben sie diese falsche Einschätzung selbst verursacht, weil sie in der Vergangenheit zuviel Zeit darauf verwandten, Attraktionen wie ein Zirkus zu bieten. Mit den Tieren hingegen, die ihnen anvertraut waren, haben sie sich viel zu wenig befaßt. Wenn die Museen mit ihren Kostbarkeiten so verantwortungslos und verschwenderisch umgegangen wären wie die Zoos, dann wären sie schon längst geschlossen worden.

Die Haltung von Wildtieren sollte von drei Zielen bestimmt werden. Das erste Ziel sollte auf ein möglichst umfassendes biologisches Studium jeder einzelnen Tierart gerichtet sein, die in freier Wildbahn zu studieren zu schwierig oder zu kostspielig wäre, und zwar besonders unter dem Aspekt der Erhaltung der betreffenden Art in ihrer natürlichen Umwelt; das zweite Ziel sollte sein, gefährdeten Arten dadurch zu helfen, daß man unter idealen Bedingungen geschützte Zuchtgruppen aufbaut, um später durch ein Rückführungsprogramm ihr Überleben in der Zukunft zu sichern; das dritte Ziel sollte sein, der Öffentlichkeit diese Arbeit verständlich zu machen, um die Menschen von der existenziellen Notwendigkeit des allgemeinen Naturschutzes zu überzeugen.

Ziel eins – das sorgfältige und umfassende Studium einer Sammlung lebender Tiere – sollte Material ergeben, das für den Naturschutz von großem Wert ist, sowohl für den Aufbau geschützter Zuchtprogramme als auch für die Arterhaltung in freier Wildbahn; es müßte außerdem eine Vielfalt an Informationen vermitteln, die einen biologischen und bildungsmäßigen Wert haben. Daher sollte das wissenschaftliche Studium am lebenden Tier Hauptziel jedes Zoologischen Gartens oder anderer Tierhaltungsbetriebe sein. Die Daten, die zusammengetragen werden, sollten so weitreichend und genau wie möglich sein; sie sollten dann verglichen, auf ihre Korrelation geprüft und ausgewertet werden. Die Ergebnisse müßten veröffentlicht werden, andere Organisationen aus dieser Sammlung von Beobachtungen und Schlußfolgerungen Nutzen ziehen können. Wird das nicht getan, dann gibt es für die Haltung einer Sammlung von Wildtieren keine Rechtfertigung; wenn ein Zoo nicht die genannten drei Ziele anstrebt, dann ist er nichts anderes als eine völlig archaische und nutzlose Einrichtung, so erbärmlich wie die Menagerien des neunzehnten Jahrhunderts.

Man sollte meinen, es wäre völlig überflüssig, auf diese simplen, grundlegenden Tatsachen einzugehen, es ist aber so, daß in der ganzen Welt eine unverhältnismäßig große Anzahl von Zoologischen Gärten in der Vergangenheit – und auch heute noch – versäumt haben, sich auf ihre Daseinsberechtigung zu besinnen. Bei viel zu vielen Tierparks gibt es ein

Datensammlungssystem überhaupt nicht, sie leiden durchweg an einem Mangel an Informationen. In einem Zirkus, auf einem Rummelplatz erwartet man keine wissenschaftliche Arbeit; von einem Zoo aber, der auf sich hält und vorgibt, etwas anderes zu sein als ein Amüsierbetrieb, kann man wenigstens ein Mindestmaß davon erwarten.

Ich glaube, man kann gar nicht nachdrücklich genug betonen, daß man in einem richtig geführten Zoo weit mehr lernen kann als im besten Fachmuseum. Der Grund ist einfach: Hier öffnet sich einem dank der lebenden Tiere ein unbegrenztes Spektrum, während das Studium im Museum, das einem nur die sterblichen Überreste des Tieres bieten kann, doch recht begrenzt ist. Dennoch ist es eine traurige Tatsache, daß nur eine Handvoll Zoologischer Gärten auf diese Art zu wissenschaftlicher Forschung genutzt werden kann.

1963, als der Trust ins Leben gerufen wurde, war ich entschlossen, von Anfang an ein wissenschaftliches Datensammelsystem einzuführen, das, wie ich hoffte, mit zunehmender Aktivität des Trusts an Umfang und Bedeutung wachsen würde. Im Laufe der Jahre hatte ich mit vielen Zoos in allen Teilen der Welt über ihre Datensammlungen korrespondiert bzw. gesprochen und bekam sie in vielen Fällen mit eigenen Augen zu sehen. Wo überhaupt eine solche Datensammlung existierte – und in den meisten Fällen existierte keine –, war sie, abgesehen von einigen wenigen Ausnahmen, völlig unbrauchbar. Wir mußten also mit Null anfangen, und das war wahrscheinlich gut so.

Das Planungsstadium zum Aufbau einer solchen Datensammlung steckt voller Schwierigkeiten. Das, was oberflächlich betrachtet so einfach und harmlos aussieht, entpuppt sich bei näherem Hinsehen als äußerst verzwickt. Schließlich jedoch nach gründlichem Experimentieren und langer harter Arbeit des Verwaltungsausschusses und des Personals, das die Kartei später führen sollte, haben wir eine Grundstruktur entwickelt. Wir ließen uns dabei von der Überlegung leiten, daß sie weder allzu einfach noch zu kompliziert sein dürfe. Ein übermäßig kompliziertes Registriersystem ist nutzlos, ganz gleich, welche Informationsschätze im Labyrinth seiner Karten und Notizen enthalten sind. Die Kartei muß ein Instrument sein, mit dem jeder umgehen kann; deshalb hielten wir es für besser, nur *ein* umfassendes System zu haben als zehn verschiedene Systeme. Dennoch waren wir uns darüber im klaren, daß eines Tages doch zehn verschiedene Systeme amöbenhaft aus unserem ersten Versuch hervorsprießen würden, und das hat sich bis zu einem gewissen Grade auch als wahr erwiesen.

In einer gewagten Vorausschau beschlossen wir, auf unserer Kartei für Verhaltensweisen einen Platz für Hinweiszeichen auf das Foto- und Tonbandarchiv freizulassen. Obwohl uns damals allein die Idee schon größenwahnsinnig erschien – der Trust steckte noch in den Kinderschuhen und litt an akutem Geldmangel – nährten wir doch unsere Hoffnung, eines Tages auch ein Fotoarchiv zu besitzen. Und unsere Voraussicht hat sich als nützlich erwiesen, denn vor kurzem konnten wir mit der Einrichtung unseres Fotoarchivs beginnen. Und so hoffen wir, daß sich auch das Archiv für Tonaufzeichnungen – wobei wir in das nahezu unberührte Feld der sprachlichen Verständigung der Tiere vorstoßen würden – verwirklichen lassen wird, sobald wir es uns leisten können.

Zuerst legten wir drei Hauptkarten an. Sie gaben Auskunft über die Geschichte des Tieres, die Krankheitsgeschichte und das Verhalten. Die Karten sind 25 × 22 cm groß. Jede hat eine andere Farbe, um das Heraussuchen zu erleichtern. Geschichte weiß, Krankheitsgeschichte rosa, Verhalten blau. Die oberen Abschnitte aller drei Karten enthalten die gleichen Grundinformationen wie Alter, Datum der Ankunft, die ungemein wichtige Zoonummer und so weiter.

Die Geschichtskarte enthält alle Informationen, die wir über das neueingetroffene Tier erhalten können sowie alle bekannten Einzelheiten über das Verhalten der Art in freier Wildbahn, so daß sie der Person, die das Tier versorgt, als Leitfaden dienen kann.

Die Karte für die Krankheitsgeschichte enthält Einzelheiten über jede tierärztliche Behandlung, der das Tier unterzogen wird, solange es sich in der Sammlung befindet. Ein Platz für den späteren Autopsiebericht bleibt frei.

Die Verhaltenskarte sollte vielleicht richtiger ethologische Karte heißen, denn sie enthält alle Beobachtungen über das Verhalten des Einzeltieres, das reicht von der Brunst bis zur Entwicklung der Jungen.

Es läßt sich kaum vermeiden, daß auf den Karten Wiederholungen vorkommen. Nach einigen Jahren stellten wir fest, daß es notwendig war, für die Säugetiere eine Zuchtkarte hinzuzufügen, da sonst diesbezügliche Daten entweder unter Verhalten oder Krankengeschichte oder unter beiden Rubriken hätten eingetragen werden müssen, was möglicherweise Verwirrung verursacht hätte. Wir stellten weiter fest, daß es äußerst nützlich war, für die Vögel eine Eikarte anzulegen. Sie haben sich bei der Errechnung des Erfolgsprozentsatzes am Ende der Brutzeit als sehr brauchbar erwiesen. Dank der Einführung dieser Karten ist uns aufgefallen, daß einige Vögel an einer Mangelerscheinung leiden, deren Ursachen wir im Augenblick untersuchen.

In den Karteikästen für die Säugetiere und die Vögel haben wir Anhängekarten, die rosa sind. Die Informationen auf diesen Karten beziehen sich auf Narkosemittel, Ernährung, Trächtigkeitszeiten und Lebensdauer bei Aufzucht mit der Flasche. Sie sind zur raschen, einfachen Informationen gedacht. Die Karteikästen für Vögel und Säugetiere enthalten vorn vier Karten, auf denen Ankünfte, Verluste, Austausch und eigene Züchtungen eingetragen werden.

Neben dieser Kartei, die sämtliche detaillieren Angaben über die Tiere enthält, gibt es zur schnellen Übersicht für Vögel und Säugetiere auch noch eine kleine Kartei, die alphabetisch geordnet ist.

Diese Karten sind 10 × 12 cm groß und enthalten kurze, stichwortartige Angaben über jedes einzelne Tier sowie dessen Kenn-Nummer. Eine bibliographische Kartei, eingeteilt nach Autoren und Themen, enthält Einzelheiten über alle Artikel, die von unseren Mitarbeitern für unsere Jahresberichte und auch für andere wissenschaftliche Zeitschriften verfaßt wurden. Dann haben wir eine Kartei, in der alles enthalten ist, was über die Ernährungsweise des Tieres in freier Wildbahn bekannt ist sowie Einzelheiten über die Art der Nahrung, die es in unserem Zoo erhält. Wir hoffen, diese Kartei mit den Fortschritten, die wir bei unserer ernährungswissenschaftlichen Forschungsarbeit machen, beträchtlich zu erweitern. Dann gibt es eine tierärztliche Kartei. Das ist ein einfaches System mit Kreuzverweisungen zwischen den Tierarten und Krankheiten, so daß wir auf einen Blick feststellen können, welche Arten welche Krankheiten gehabt haben. Schließlich ist da das Fotoarchiv, in dem die Aufnahmen alphabetisch nach Tierarten geordnet sind. Wenn man das so liest, entsteht sicher der Eindruck, als wäre das ganze System unglaublich umständlich; tatsächlich ist es aber sehr einfach zu benutzen. Eine Sekretärin braucht pro Tag nur eine Stunde, um die Eintragungen auf allen Karteien auf dem laufenden zu halten.

Das Material für diese Datensammlung wird dem ungemein wichtigen Tagebuch entnommen, das im Büro von Jeremy Mallinson, unserem zoologischen Direktor geführt wird. In dieses Buch wird täglich jedes Detail eingetragen, das sich auf die Haltung und Pflege des Tieres bezieht: Verhaltensweisen, das Legen von Eiern, die Trächtigkeitszeiten und so weiter. Diese Eintragungen werden dann von der Sekretärin auf die jeweiligen Karten übertragen.

Die Vergrößerung der Sammlung wird selbstverständlich weitere Karteien notwendig machen; im Augenblick jedoch ist nach unserer Meinung das gegenwärtige System, wenn auch vielleicht nicht vollkommen, so doch höchst brauchbar. Unsere Aufzeichnungen reichen zwölf Jahre zurück, und wir konnten bereits, wie unsere Jahresberichte zeigen, wertvolle Schlüsse aus ihnen ziehen.

Wir haben uns zum Prinzip gemacht, lieber zuviel aufzuschreiben als zu wenig. Das heißt, daß praktisch alles notiert wird, wahrscheinlich auch eine Menge überflüssiger Informationen, die dann ausgeschieden werden müssen, wenn beispielsweise ein Artikel geschrieben wird. Doch wenn man sich auf dieser Basis mit Tieren befaßt, dann weiß man vorher nie, welche Beobachtungen nachher von Wert sein werden und welche nicht. Deshalb ist es besser, alles aufzuschreiben, um es dann in Ruhe auswerten zu können. Notiert man sich zu wenig, so stößt man später vielleicht auf Lücken, die man so schnell nicht wieder schließen kann.

Die Gründlichkeit, mit der wir uns bemühen, selbst die kleinste Kleinigkeit nicht unbeachtet zu lassen, wird durch die Notizen auf unseren Karteikarten dokumentiert, die wir über den Umzug unserer beiden weiblichen Gorillas in ihr neues Quartier gemacht haben. Oberflächlich gesehen schien es sich nur darum zu handeln, zwei Tiere unter Narkose zu setzen und sie, während sie bewußtlos waren, von Punkt A zu Punkt B zu transportieren. Doch es steckte viel mehr dahinter als nur das. Einmal war mit diesem Unternehmen ein beträchtliches Risiko verbunden; denn eine Dosis an Betäubungsmittel, die den einen Gorilla nur bewußtlos macht, kann einen anderen, selbst wenn er das gleiche Alter und das gleiche Gewicht hat, vielleicht töten. Solange unsere Gorillas bewußtlos waren, bot sich uns eine ideale Gelegenheit, ihre Zähne zu untersuchen, Blutproben zu nehmen, sie zu messen und zu wiegen, kurz, alle jene Dinge zu tun, die wir normalerweise nicht tun konnten, obwohl die beiden relativ zahm waren. Doch das ganze Unternehmen mußte rasch und ohne Pannen vor sich gehen, damit uns die Gorillas nicht etwa aufwachten, während wir noch mitten in den Untersuchungen waren. Wir wollten unbedingt vermeiden, daß ihr Erwachen aus der Narkose unnötig verzögert wurde oder daß gar eine von ihnen sich eine Erkältung holte. Lungenentzündung nach Narkotisierung ist eine häufig vorkommende Komplikation, die zum Tode führen kann.

Zunächst notierten wir die verschiedenen Gegenstände und Geräte, die erforderlich waren, das allgemeine Verfahren und die Personen, die anwesend sein würden.

Umzug der Flachlandgorillas vom alten in den neuen Bau.

29. Februar 1972, N'Pongo M.1^{+} Nandi M.2^{+}

Zum Umzug bereitgestelltes Hilfsmaterial und Geräte

1. Zwei Bahren (Leihgabe vom St. John's Rettungsdienst),
2. zwei Decken,
3. 10 m Seil zum Fesseln,
4. Waage (vom Tierheim geliehen),
5. Sauerstoffzylinder,
6. Holzwolle (Betten aus Holzwolle wurden unter beiden Borden im neuen Käfig vorbereitet),
7. Bandmaß.
8. Der Schlafraum des neuen Käfigs wurde überprüft und in Ordnung befunden. Temperatur im Schlafraum 15–17 Grad. Beide Borde handwarm. Alle Klappen in Ordnung.

Anwesende: Mr. T. B. Begg und ein Arzt für Allgemeinmedizin. Durchgeführt werden soll eine allgemeine Untersuchung beider Tiere, einschließlich einer Zahnuntersuchung.

Blutproben von beiden Tieren.

Beide Tiere werden gewogen und gemessen.

Sergeant McLinton von der States Police und Fachmann in der Abnahme von Fingerabdrücken wird von der rechten Hand jedes der beiden Tiere drei Fingerabdrücke machen. Diese Unterlagen werden an den Redakteur des Internationalen Gorilla-Zuchtbuches in Frankfurt geschickt, der sie für vergleichende Untersuchungen verwendet.

Von dem Umzug wird ein eingehender Bericht mit dazugehörigen Fotografien gemacht.

14 Uhr 20. Das Säugetierhaus wird für die Öffentlichkeit geschlossen.
Transport der Tiere:
Wenn feststeht, daß beide Gorillas so weit betäubt sind, daß sie aus dem Käfig entfernt werden können, geht der Umzug in folgender Weise vor sich:
1. Beide Tiere werden zu den Bahren hinausgetragen, die im Gang des Säugetierhauses bereitstehen.
2. Sobald der Gorilla auf der Bahre liegt, wird er bis zum Hals zugedeckt und mit Stricken auf der Bahre festgebunden.
3. Beide Tiere werden im Säugetierhaus gewogen.
4. N'Pongo wird nach Käfig Nr. 1 (Nordseite) gebracht; Nandi zu Käfig Nr. 2 (Südseite).
5. Die allgemeine Untersuchung sowie die Entnahme von Blutproben, die Abnahme der Fingerabdrücke und das Messen findet im neuen Haus statt, da es in erster Linie darauf ankommt, den Umzug so rasch wie möglich zu erledigen.
6. Die Gorillas werden getrennt gehalten und sollen daran gehindert werden, in den mittleren Käfig zu gelangen, solange sie nicht ihren Normalzustand wieder völlig erreicht haben.
Anwesendes Personal: Jeremy J. C. Mallinson, J. J. Mallet, Q. M. C. Bloxam, P. F. Coffey, D. Vo Riordan, J. Usher-Smith.
14 Uhr 30. Jedem der beiden Tiere wird oral 300 mg. Sernylan (Phencidine) verabreicht. Geschätztes Gewicht der Gorillas etwa 75 kg. Die oben genannte Dosis wurde in Milch/Honig/Vit. B_{12} verabreicht.
Weitere Informationen für jedes Tier auf einer Extrakarte. N'Pongo Blatt 4, M. 1, Nandi Blatt 4 M. 2.«

Dann wurden die Tiere unter Narkose gesetzt. Aus den Aufzeichnungen ist ersichtlich, daß sie auf unterschiedliche Weise reagierten. Aus diesen recht nüchternen und präzisen Feststellungen geht natürlich nicht hervor, daß jedem einzelnen von uns das Herz bis zum Hals klopfte, obwohl wir uns alle bemühten, so lässig zu tun, als arrangierten wir jeden Tag Gorillaumzüge. Für uns waren ja die beiden auch nicht einfach irgendwelche Tiere; sie waren unsere persönlichen Freunde, und wir wollten sie nicht verlieren.

»29. Februar 1972
Transport zum neuen Haus

N'Pongo Kenn-Nr. M.1, Blatt 4
14 Uhr 30. Sernylan verabreicht. 14.31 Beide Tiere sehr lebhaft, als kein Futter gereicht wurde. 14.45 Tiere wirken ruhiger. 14.46 Uhr N'Pongo zog sich mit etwas mehr Anstrengung als sonst auf ihr Bord. 14.52 N'Pongos Augen matt. 14.55 N'Pongo schwankt auf dem Bord. 14.55 L/2 N'Pongo, die bisher auf allen Vieren stand, setzt sich, läßt den Kopf nach unten hängen. 14.56 Sehr stark schwankend. 14.58 N'Pongo sinkt in liegende Stellung zusammen, setzt sich wieder auf, schwankt stark. 15.01 Auf dem Boden. 15.02 Zusammengesunken, Gesicht und Körper auf den Boden gedrückt, Hinterbeine leicht unter sich angezogen. 15.03 Nandi rennt an ihr vorbei und schlägt sie auf den Rücken. N'Pongo reagiert mit einer leichten Bewegung. 15.05 Nandi schlägt N'Pongo wieder. Keine Reaktion von N'Pongo. Danach keine weitere Reaktion oder Bewegung mehr von N'Pongo = 35 Minuten.«

Dienstag, 29. Februar
Forts. Transport – *Nandi* M.2
14.30 Verabreichung von Sernylan. 14.31 Beide Tiere stark lebhaft, als kein Futter gereicht wurde. 14.45 Tiere scheinen ruhiger zu sein. 14.50 Nandis Augen wirken matter und leicht eingesunken. 14.55 ½ Nandi zeigt starke Erregung, rennt gegen die Klappe und trommelt auf sie ein. 14.56 Nandi nimmt Drohstellung ein, noch immer sehr agitiert, rennt weiter gegen Klappe an und trommelt dagegen. 14.57 Nandi sabbert stärker. 14.59 Nandi gibt sich noch immer drohend und zeigt starke Unruhe. 15.03 Nandi rennt an N'Pongo vorüber, schlägt sie auf den Rücken. 15.05 Nandi schlägt N'Pongo wieder. Keine Reaktion von N'Pongo. 15.06 Nandi nicht mehr ganz sicher auf den Beinen, scheint aber kräftig und wach zu sein. 15.07 Nandi weniger unruhig und aktiv. 15.07 ½ Nandi gähnt, hält sich aufrecht, indem sie das Gesäß gegen die Wand drückt, immer noch auf allen Vieren. 15.08 Kopf fällt herunter, Körper schwankt. 15.09 Nandi setzt sich. 15.10 Nandis Augen fallen zu. 15.11 Nandi schlurft einige Schritte vorwärts und sinkt dann in ähnlicher Stellung wie N'Pongo zusammen. 15.12 Nandi hebt Kopf und senkt ihn wieder. Nach 14.12 zeigte Nandi keine weitere Reaktion oder Bewegung mehr. Nandi = 42 Minuten.«

Sobald sie beide bewußtlos waren, gingen wir schleunigst an die Arbeit. Die Bahren wurden in den Käfig gebracht, und die Gorillas auf ihnen festgebunden. Im Korridor des Säugetierhauses wurden sie gewogen und dann in ihr neues Quartier transportiert. Dort wurden sie gemessen und untersucht. Obwohl keiner von uns etwas sagte, fanden wir es, glaube ich, alle höchst unerfreulich, Tiere, die wir so gut kannten, die immer so aufgeweckt und munter waren und so viel Charakter zeigten, schlaff und bewußtlos vor uns liegen zu sehen, währenddessen wir ihre Münder öffneten und ihre Zähne inspizierten, ihnen Fingerabdrücke und Abstriche machten und aus ihren Venen Blut abzapften. Es war wie ein gewaltsames Eindringen in ihre Intimsphäre, wie eine Unterminierung ihrer Würde, und wir waren froh, daß sie selbst hinterher nichts davon wissen würden. Mit anderen Worten, wir empfanden bei dem ganzen Unternehmen völlig anthropomorph und unwissenschaftlich.

Behutsam trugen wir unsere kostbare in Decken gehüllte Last in das neue, etwa 100 m entfernte Quartier. Wir hatten gewiß Ähnlichkeit mit einem Zug bekümmerter Menschen, die die einzigen Überlebenden einer schrecklichen Katastrophe davontrugen. Vorsichtig wurden sie im aufgeschütteten Stroh niedergelegt – voneinander getrennt zwar, aber doch so nahe, daß sie einander sehen konnten, wenn sie wieder zu sich kamen. Wir blieben rundherum stehen, um ihre Rückkehr zum Bewußtsein abzuwarten. Das war vielleicht die Zeit, in der unsere Nerven am ärgsten strapaziert wurden; denn nun würden wir sehen, ob sie die Narkose überstanden hatten, ohne Schaden davonzutragen.

Auch hier wieder ist aus den klinisch sachlichen Feststellungen nichts davon zu entnehmen, in welcher Verfassung wir uns befanden. Wir rauchten mehr als sonst, tranken eine Tasse Kaffee nach der anderen, versuchten, ein Gespräch über die gegenwärtige Weltkrise in Gang zu bringen, aber die schleppende Unterhaltung versiegte bald ganz, so daß nur noch das tiefe, röchelnde Atmen unserer Patienten zu hören war. Wir mußten alle an N'Pongos Ankunft als Baby denken: klein, rund, kohlschwarz, den Mund zu einem Lächeln verzogen, heiter und gelassen, überzeugt davon, daß alle Menschen Freunde waren; und an Nandis Ankunft, damals, als sie die Menschen nicht gemocht und ihnen mißtraut hatte. Eine große Narbe – eine Machetenverletzung – quer über ihrem Kopf war uns die Erklärung für ihre wenig menschenfreundliche Einstellung gewesen. Wir dachten daran, wie wir im Laufe der Jahre mit viel Geduld und zu unserer großen Freude ihr Vertrauen gewonnen hatten.

Beobachtungen: Um vier Uhr nachmittags begann N'Pongo zu reagieren – drehte ihren Kopf und kaute auf ihrer Lippe. 16.48 N'Pongo bewegt sich. Sie kann nicht stehen, aber sie wälzt sich herum. 18.00 Auf dem Bauch liegend, kriecht sie von den Gitterstangen zur Mitte des Käfigs. 18.03 Liegt auf dem Bauch, stützt sich auf die Ellbogen, sieht sich verschlafen um. Sie versucht aufzustehen, hält sich am Gitter fest, fällt um, kriecht zur Heizung hin. 19.00 Kriecht näher zur Heizung. Leichte Armbewegung. Liegt auf dem Bauch im Heu. 19.30 Keine Lageveränderung. 20.00 Wesentlich aufmerksamer – sitzt halb aufrecht, kann den Kopf heben, reagiert auf Anruf mit ihrem Namen. 20.08 Wieder in alter Stellung am Gitter. 21.30 Läuft auf allen Vieren im Käfig umher. Die Beine können kaum das Gewicht ihres Körpers tragen. 22.15 Liegt auf dem Bauch. Keine Reaktion auf Geräusche. 22.50 Setzt sich auf – Spuren von Erbrechen rund um den Mund – Blick nicht mehr so benommen, aber immer noch groggy – fröstelt leicht. 24.00 Kaum eine Veränderung – Lichter werden gelöscht.
Beobachtungen: Als Nandi aus dem alten Käfig transportiert wurde, hustete und sabberte sie, gähnte und zwinkerte. 18.00 Nandi liegt mit dem Gesicht nach unten mitten auf dem Boden. 18.30 Hat sich ein wenig bewegt. An Kopf und Schultern hängen Holzwolle und Heu. 19.10 Liegt auf dem Heu – den Kopf im Heu – keine Bewegung, atmet mühelos. 19.30 Läuft auf allen Vieren umher, ist aber sehr unsicher. Reagiert auf ihren Namen. Beschnüffelt den Anstrich und klopft mit den Knöcheln auf den Boden. Sitzt in der Hocke, der Atem ist ein wenig angestrengt. 19.55 Zeigt Interesse an Nahrung – beißt in eine Orange, bewegt sich lebhaft, fällt gelegentlich um, läuft aber weiter, selbst nachdem sie auf den Rücken gefallen ist – steht sofort wieder auf. Leichter Ausfluß aus der Nase. 20.00 Nandi klettert an den Gitterstangen hoch, bleibt 3½ Minuten hängen. 20.15 Nandi erbricht sich. 20.19 Versucht nochmals zu erbrechen. 20.27 Nandi trinkt Mischung aus warmer Milch und 10%iger Glukoselösung – keine Körperkoordination – trinkt zuerst mit Oberlippe. 20.31 Nandi steht, ruft und trommelt sich auf die Brust. 20.33 steht wieder, ruft und trommelt sich auf die

Brust. Setzt sich dann – ruft länger. 20.35 Trinkt wieder. 21.50 Nandi klettert auf das Bord – Koordination wesentlich besser, ruhiger. 22.15 Sitzt auf dem Bord, läuft auf dem Bord herum. 22.45 Scheint zu schlafen. 23.30 Auf dem Bord – Ruhestellung – recht wach. 24.00 Auf dem Bord, ruht, wirkt ruhig. Lichter ausgeschaltet.

Dank dieser einfachen Umzugsaktion hatten wir jetzt die genauen Gewichte und Maße der beiden Menschenaffen, konnten ihr Blut analysieren, die Nasen-, Hals- und Scheidenabstriche bakteriologisch untersuchen. Zudem wußten wir eine Menge mehr über den Einsatz von Beruhigungs- und Betäubungsmitteln. Wir hatten sie gründlich untersuchen können, was uns sonst, selbst bei diesen relativ zahmen Tieren, niemals gelungen wäre. All diese Informationen wurden der Kartei einverleibt.

Soviel zur wissenschaftlichen Arbeit. Als alles vorbei war, machte ich ein paar Flaschen Champagner auf. Ich fand, wir brauchten das.

Konsequent fortgeführte und detaillierte Aufzeichnungen sind natürlich bei der tiermedizinischen und parasitologischen Forschung von größter Bedeutung. Ein gutes Beispiel dafür, wie unentwirrbar manchmal die Parasitologie mit der Tiermedizin verbunden ist, gibt die traurige Serie von Karten über das Vulkankaninchen in unserer Kartei. Traurig, weil die Karten in der toten Kartei stecken und darauf warten, wieder herausgenommen zu werden, wenn wir in unserem Zoo wieder einige dieser faszinierenden kleinen Tiere haben werden. Das winzige und äußerst seltene Vulkankaninchen findet sich nur auf den erloschenen Vulkanen, die Mexico City umgeben, dem Popocatepetl und dem Ixtaccihuatl. Die Tiere stehen unter strengstem Schutz, doch ist das ein reiner Papierschutz; sie werden gejagt und getötet, ohne Rücksicht auf die Gesetze, die sie schützen sollen. Selbst im Popocatepetl-National-Park, wo man meinen sollte, daß sie wenigstens einen gewissen Schutz finden, sind sie nicht sicher. Die Parkaufseher dort erklärten mir, daß sie die Kaninchen essen. Angesichts dieser Tatsache und eben weil das Verbreitungsgebiet dieses interessanten Tieres so begrenzt ist, schien mir das Vulkankaninchen dringend der Hilfe zu bedürfen. 1968 finanzierte und leitete ich also eine Expedition nach Mexiko, bei der es mein Hauptziel war, eine Zuchtkolonie von Vulkankaninchen zu erwerben.

Die mexikanischen Behörden kamen mir mit großer Höflichkeit und

Hilfsbereitschaft entgegen, und nach drei Monaten kehrte ich, erfreut über meinen Erfolg, nach Jersey zurück. Wir hatten sechs Kaninchen erworben und stellten fest, daß die Reise sie kaum zu erschüttern schien. In Jersey gewöhnten sie sich sehr gut ein, und es gelang uns sogar, sie zu züchten. Das war nie zuvor gelungen und daher wirklich ein Triumph. Doch dann kam die Katastrophe: Wir verloren unser einziges männliches Tier, und die Autopsie ergab, daß es an einer Form von Kokzidiose gelitten hatte. Nach einigen Wochen der Sorge gelang es uns, ein weiteres männliches Tier aus Mexiko zu bekommen, doch noch ehe es mit den Weibchen bekanntgemacht werden konnte, starb es ebenfalls. Der Autopsiebefund war der gleiche wie bei dem anderen Tier. Das war für uns von großem Interesse; offenbar brachte das Tier nicht nur eine neue Krankheit mit, sondern eine neue Krankheitsart.

Die Tatsache, daß wir jetzt den Feind des Vulkankaninchens kannten und wußten, wie man ihn bekämpfte, half nichts, denn ich hatte keine zuverlässigen Verbindungen in Mexiko, über die ich Kaninchen hätte bekommen können, um eine neue Kolonie zu gründen. Ich habe aber die Hoffnung nicht aufgegeben, daß ich eines Tages nach Mexiko zurückkehren und weitere Kaninchen erwerben werde, damit wir dieses einzigartige und faszinierende kleine Tier unter kontrollierten Bedingungen züchten und seine Art erhalten können.

Es ist merkwürdig, daß viele Menschen, wenn es um den Tierschutz geht, eine grundlegende Tatsache übersehen: Wenn man ein Tier in der freien Natur schützen und erhalten will, dann muß man nicht nur über das Tier selbst und seine Lebensweise Bescheid wissen, sondern man muß auch seine Wechselbeziehungen zu einer Vielfalt anderer Arten kennen. Simpel ausgedrückt, es ist völlig sinnlos, 5000 Quadratmeilen Savanne zum Schutz der Löwen bereitzustellen, wenn es in dem Gebiet keine Antilopen gibt. Wenn man nicht durch Beobachtung – entweder auf freier Wildbahn oder in Gefangenschaft – festgestellt hat, daß der Löwe ein Fleischfresser ist, dann ist alle Arbeit, die man sich macht, um den Löwen zu schützen und zu erhalten, umsonst. Es ist zwar klar, daß zu diesem Zweck die Tiere in ihrer natürlichen Umgebung studiert werden müssen, unbestreitbar jedoch lassen sich gewisse Vorgänge leichter und manche überhaupt nur beobachten, wenn das Tier unter kontrollierten Bedingungen lebt.

Nehmen wir zwei Beispiele aus unseren Unterlagen: Erstens über die Aufzucht von Igeltanreks. Diese merkwürdigen, igelähnlichen, kleinen Wesen kommen aus Madagaskar. Zu ihren vielen liebenswerten Wesenszügen gehört es, daß sie, wenn man sie hochnimmt, die schlaffe Haut über der Stirn bis zur Nase hinunterziehen, so daß man den Eindruck hat, sie blickten einen mit einem wütenden Stirnrunzeln der Mißbilligung an. Es ist uns gelungen, diese kleinen Insektenesser bis in die fünfte Generation zu züchten. Der Nachwuchs ist in alle Teile der Welt verschickt worden. Unsere Zuchtunterlagen haben eine Vielfalt von Feststellungen über das Verhalten der Tiere, die Zahl der Jungen, den Geburtenvorgang und so weiter ergeben. Die meisten dieser Beobachtungen wären in freier Natur nur unter größtem Kosten- und Zeitaufwand möglich gewesen; manche Erkenntnisse wären uns überhaupt verschlossen geblieben. Vieles von dem, was wir aufgezeichnet haben, kann dem Schutz und der Erhaltung anderer Arten der Tanreks helfen. Es gibt fünfundzwanzig benannte Arten, einige darunter kommen äußerst selten vor. Aufgrund unserer Erfahrungen mit den beiden relativ häufig vorkommenden Arten – den Kleinen und den Großen Igeltanreks – hoffen wir, in der Zukunft stärker gefährdete Arten züchten zu können.

Bei unserer Arbeit mit den Großen Igeltanreks entdeckten wir, daß sie durch Temperaturregelung manipulierbar sind. Wir hielten die Tiere bei einer Temperatur zwischen 27 und 30° C; wenn sie ihren Winterschlaf hielten, senkten wir die Temperatur auf 21 bis 24° C. Dabei stellten wir fest, daß wir durch Relegung der Temperatur und der Luftfeuchtigkeit die Tanreks das ganze Jahr über aktiv halten konnten und somit in Zeugungsbereitschaft. Unter Anwendung dieser Methode ist es uns gelungen, das Weibchen schon mit zwei Monaten empfängnisfähig zu machen – während bisher der erste Wurf in der Regel nach der zweiten Brunstperiode geboren wurde. Auf diese Weise aber konnte das Weibchen, ohne daß es irgendwie darunter gelitten hätte, zwei- bis dreimal im Jahr werfen. Wenn sich dieses Verfahren auch bei den gefährdeten Arten anwenden ließe, wäre das von ungeheurem Wert für den Aufbau großer, sich selbst erhaltender Zuchtkolonien, die wiederum gewährleisten würden, daß die Art erhalten bleibt. Dies ist ein Beispiel dafür, welche Art von Material ein gut geführter Zoo zusammentragen kann, und wie hilfreich die daraus gewonnenen Erkenntnisse sind.

Ein zweites Beispiel für die Nützlichkeit gesammelten Materials stammt aus den Unterlagen über unsere Kolonie Afrikanischer Zibetkatzen. Aus dem ursprünglichen Bestand von zwei Tieren haben wir heute neunundvierzig Tiere gezüchtet und zwölf an vier zoologische Gärten in anderen Teilen der Welt geliefert. Aus unseren Zuchtunterlagen haben wir die Trächtigkeitszeit erarbeitet, die wahrscheinliche Lebensdauer, die normale Anzahl von Jungen und ihre Entwicklung. Die Aufzeichnungen enthalten Angaben über Gewichtszunahme und Wachstumsfortschritte, über das Verhalten während der Paarungszeit, den Geburtsvorgang und so weiter. Tatsächlich haben wir jetzt ein vollständiges Bild vom normalen Zuchtverhalten der Afrikanischen Zibetkatzen. Es setzt sich aus Informationen zusammen, die in freier Natur nur unter großen Schwierigkeiten oder gar nicht hätten gesammelt werden können.

Erst vor kurzem hat sowohl in Europa als auch in den Vereinigten Staaten eine Welle der Zoogegnerschaft und zoofeindlicher Propaganda um sich gegriffen. Die wissenschaftlich geneigten Kritiker verurteilten den Zoologischen Garten wegen seines Mangels an ernsthafter wissenschaftlicher Arbeit. Die Kritik ist bei allzu vielen zoologischen Sammlungen nur allzu berechtigt. Und in jenen Zoos, wo man tatsächlich versucht, Daten zu sammeln, sind die Ergebnisse manchmal so jämmerlich, daß man den Zorn eines verantwortungsbewußten Biologen nachfühlen kann. Wir haben beispielsweise in unserer Kartei eine Karte von einem bekannten Zoologischen Garten, in der Angaben über die tierärztliche Behandlung einer Giraffe gemacht wurden. Darin steht lediglich, daß dem weiblichen Tier, nachdem der Tierarzt es von einem toten Kalb entbunden hatte, »darauf Antibiotika gespritzt wurde«. Weder die Menge noch der Name des Antibiotikums wurde angegeben, und die Eintragung ist von Hand geschrieben, könnte also für einen Fremden, der auf dieser Karte eine Auskunft sucht, leicht unleserlich sein. Aus Karten, die wir von einem anderen Zoo erhielten, entnahmen wir, daß ein Tier angekommen und gestorben war. Diesen Angaben folgte ein ausführlicher pathologischer Bericht. Über das Verhalten wurde überhaupt nichts ausgesagt, so daß wir den Eindruck gewannen, daß das Tier in der Zeit zwischen seiner Ankunft und seinem Tod gar nichts getan hat. Der fragliche Zoo schien uns lediglich eine Art Wartezimmer des Pathologen zu sein.

1968, vier Jahre, nachdem wir unser Datensammelsystem begonnen hatten, fand in San Diego eine große Konferenz über die Rolle des Zoos beim Naturschutz statt. Caroline Jarvis, jetzt Lady Medway, damals Redakteurin des *International Zoo Year Book*, hielt auf dieser Konferenz den meiner Ansicht nach aufrichtigsten, gescheitesten und konstruktivsten Vortrag. Im Zusammenhang mit der drohenden Ausrottung ungezählter Tierarten auf der Erde und mit der Aufgabe, die der Zoo bei Artenschutz übernehmen kann, sagte sie:

»*In dieser Situation fällt den Zoologischen Gärten eine sehr wichtige Rolle zu, wenn auch wenigen unter ihnen das klar zu sein scheint. Gemäß den neuesten Zahlen des* National Zoo Year Book *leben heute etwa eine halbe Million Wirbeltiere in Zoos und Schauaquarien. Bedeutungsvoll ist diese riesige Zahl in zweierlei Hinsicht: sie zeigt, in welchem Umfang Zoologische Gärten mit wilden Tieren befaßt sind und sie sagt aus, daß Zoos mit wilden Tieren viel direkter zu tun haben als jede andere Art von Organisation. Ihr Kontakt zu den Tieren ist unmittelbarer und sie sind mit einem größeren Bereich von Tierarten vertraut. Sie verfügen über größere Möglichkeiten als jede Universität, Forschungseinrichtung oder jeder Wildpark, gewisse Informationen zu sammeln und zu Papier zu bringen. Aus diesem Grund sind Zoologische Gärten sowohl für den Naturschutz als auch für die zoologische Forschung so wichtig. Der Artenschutz hängt vom Wissen ab, die zoologische Forschung hängt vom Wissen ab, und eben dieses Wissen ist gegenwärtig in so riesigen Mengen in Zoos eingesperrt. Die Natur wird gern als eine Schatzkammer des Wissens beschrieben, und die Zoos sind Treuhänder über beträchtliche Teile dieser Schatzkammer, aber nur allzu häufig sind sie sich ihrer Verantwortung und ihrer Verpflichtungen als Treuhänder nicht bewußt, oder wissen überhaupt nicht, daß sie die Treuhänder sind.*«

Als Miss Jarvis darauf zu sprechen kam, wie wichtig die Rolle des Zoos bei der genauen und gewissenhaften Sammlung von Daten ist, sagte sie weiter:

»*Abgesehen von der Wissensvermittlung gibt es noch zwei andere ungemein wertvolle Dinge, womit ein Zoo dazu beitragen kann, die Tiere der Welt vor der Vernichtung zu bewahren. Er kann erstens Daten über Wildtiere sammeln, und er kann zweitens gefährdete Arten in Gefangenschaft züchten. Eine der Hauptschwierigkeiten beim Schutz von Wildtieren liegt darin, daß über die grundlegenden Bedürfnisse der Tiere, die wir zu schützen versuchen, viel zu wenig bekannt ist. Es ist erstaunlich, wie wenig über die Biologie und die Verhaltensweisen der meisten Wildtierarten bekannt ist. Das liegt daran, daß nur relativ wenige gründliche Studien, wie etwa Schallers mit Recht berühmte Arbeit über die Berggorillas, gemacht wurden. Ein großer Teil dieser Informationen, wie zum Beispiel die Beziehungen des Tieres zu seiner Umwelt, die Ökologie seines Lebensraumes, seine natürliche Ernährungsweise und viele seiner Verhaltensweisen, kann zugegebenermaßen nur aufgrund von Beobachtungen des in der freien Natur lebenden Tieres gewonnen werden; gleichzeitig aber können viele Informationen, die in der freien Natur nur unter größten Schwierigkeiten oder gar nicht gewonnen werden können, auf äußerst einfache Art zusammengetragen werden, indem man die Tiere in Gefangenschaft studiert. Bis vor sehr kurzer Zeit scheinen die meisten Zoos kaum etwas gewußt zu haben von der ungeheuren Menge wertvoller Informationen, die ihnen zugänglich ist, und von der Bedeutung dieser Informationen, wenn sie richtig und genau zu Papier gebracht werden. Nur wenige Zoos verfügen über gute Datensammelsysteme, die viele Jahre zurückreichen, und selbst in diesen Zoos sind die aufgezeichneten Informationen mager und manchmal nicht exakt.«*

Über Datensammelsysteme im besonderen sagte Miss Jarvis:

»Wenn die Informationen, die von Zoos aufgezeichnet werden, Wert haben sollen, dann müssen sie wesentlich detaillierter sein, dann müssen sie mit Methode gesammelt werden und es darf nicht so viel dem Zufall überlassen bleiben, wie das heute der Fall ist. Zwei Dinge sind wesentlich: ein gutes Karteisystem und wirksame Methoden zur Identifizierung des Einzeltieres. Die Aufzeichnungen brauchen nicht kompliziert zu sein, aber sie müssen genau und präzise sein. Alle Zoos sollten ein Minimum an Daten über ihre Tiere aufzeichnen, vorzugsweise in Form eines Karteisystems, in dem jedes einzelne, identifizierbare Tier der Sammlung zu finden ist, das Datum seiner Ankunft, das geschätzte Alter und Gewicht bei der Ankunft, seine Herkunft, seine besonderen Merkmale, sein Geschlecht, Daten über Paarungen und Geburten, die Daten aller Krankheiten während seiner Lebenszeit, das Datum seines Todes oder seines Ausscheidens aus der Sammlung und die Todesursache oder der Grund für das Ausscheiden.«

Nach dieser Konferenz schrieb Miss Jarvis einen ausgezeichneten, kurzen Artikel, der von der Zoological Society of London veröffentlicht wurde und den Titel trug ›*Guide to the Study of Wild Animals in Captivity*‹. Nach dem, was wir über die Datensammelsysteme wissen, die von den meisten Zoos noch verwendet werden, scheint diese wertvolle Veröffentlichung nicht die weite Verbreitung gefunden zu haben, die sie verdient hätte.

Es tat jedoch gut zu sehen, daß Miss Jarvis anderen Zoos vorschlug, genau das zu tun, womit wir schon vor sieben Jahren begonnen hatten. Wir stellten befriedigt fest, daß unser System in allen Punkten dem entsprach, was Miss Jarvis in ihrem Vortrag entworfen hatte.

Wenn die Zoologischen Gärten und andere Wildtiersammlungen der Welle der Kritik, die sie jetzt überflutet, entgehen oder ihr entgegentreten wollen, dann müssen sie ihre Aufgaben mit viel größerem Verantwortungsbewußtsein akzeptieren. Es ist ein beunruhigender Gedanke, daß über Jahre hinweg Tausende und Abertausende von Tieren nur aus dem einen Grund in Gefangenschaft gehalten wurden, um die Leute zu unterhalten; und ebenso beunruhigend ist, daß wir aus dem Zusammenleben mit diesen Tieren nichts gelernt haben und nichts lernen.

Tierparks und Zoologische Gärten, die nach wissenschaftlichen Gesichtspunkten und mit Intelligenz geführt werden, gewinnen in der Zukunft immer mehr an Bedeutung. Sie werden für eine große Zahl von Tierarten wahrscheinlich die letzte Zufluchtsstätte sein. Es ist daher von größter Wichtigkeit, daß sie die Tiere, die ihnen anvertraut sind, mit Verständnis halten, züchten und *beobachten*. Sie sind die Hüter, die Bewahrer der anderen Tierarten, die diesen Planeten mit uns teilen möchten.

Wir wollen doch nicht vergessen, wie wenig Zeit in unserer Geschichte vergangen ist, seit wir Tiere angebetet haben – in manchen Teilen der Welt tun wir es noch –, und daß es noch gar nicht lange her ist, daß die Leute an das Einhorn glaubten, daß sie glaubten, eine Kröte hätte im Kopf einen Edelstein sitzen und Schwalben verbrächten den Winter im Winterschlaf im Schlamm auf dem Grund von Teichen.

Natürlich haben wir seitdem über das Verhalten der Tiere und über die Ökologie der Erde im allgemeinen ein enormes Wissen gespeichert, wir müssen uns aber darüber im klaren sein, daß dieses Wissen, so sehr es sich auch erweitert hat, noch immer gering ist im Vergleich zu dem, was wir noch lernen müssen. Wenn wir einen Stern am Himmel benennen können, so heißt das noch lange nicht, daß wir die Geheimnisse des Weltalls begriffen haben.

Schließlich muß ich noch eines sagen: ein Datensammelsystem ist immer nur so gut wie die Leute, die es entwerfen. Die, die es erben, müssen es erweitern, ergänzen, neu ordnen und speisen, wenn nötig sogar umwerfen und von vorn anfangen. Das wesentliche an unserem Datensammelsystem ist, daß jeder Mitarbeiter, ob er nun fachlich qualifiziert ist oder nicht, seine Beobachtungen beisteuert, ebenso alle, die mit der täglichen Pflege der Tiere betraut sind. Gerade ihre Beobachtungen sind ja so wichtig. In einem Tierpark wie dem unseren hätte es keinen Sinn, einen wissenschaftlichen Theoretiker zu haben, der den ganzen Tag an seinem Schreibtisch sitzt und die Tiere einmal im Monat sieht, während er sich ansonsten völlig auf die Beobachtungen anderer verläßt. Man darf auch nicht davon ausgehen, daß die Leute, die Informationen beisteuern, allwissend sind. So wünschenswert Allwissenheit sein mag, sie läßt sich weder durch Erfahrung, religiöse Erziehung oder Universitätsausbildung erwerben.

Man kann nur von dem Prinzip ausgehen: Im Land der Blinden ist schon ein weißer Stock ein erster Fortschritt.

Kapitel Sechs

»Wiesel, heißt es, sind in der medizinischen Kunst so geschickt, daß sie ihre Jungen, wenn sie getötet wurden, wieder zum Leben erwecken können, wenn sie zu ihnen gelangen können.«

T. H. WHITE – *The Book of Beasts*

»Violet strickte höchst liebenswürdigerweise einen kleinen wollenen Mantel für mehrere der Fische, und Slingsby verabreichte ihnen einige Tropfen Opium. Dank dieser gütigen Behandlung wurde ihnen ganz warm und sie schliefen gut.«

EDWARD LEAR

»Herba Sacra. Das ›Götterkraut‹, von dem die Römer behaupteten, es könnte die Bisse aller tollwütigen Tiere heilen, das Vorrücken von Gift anhalten, die Pest heilen, Hexenzauber abwenden, Feinde versöhnen usw.«

BREWER'S *Dictionary of Phrase and Fable*

Pillen, Salben, Elixiere

Die Entdeckung, Erkennung und nachfolgende Heilbehandlung einer Krankheit bei Tieren ist ein so schwieriges Problem, daß vielleicht selbst die unerschütterliche Florence Nightingale daran verzagt wäre. Stellen Sie sich einen Patienten vor, der Ihnen nicht nur nicht sagen kann, wo es wehtut, sondern der in vielen Fällen auch noch aufs äußerste bemüht ist, alle Krankheitssymptome zu vertuschen; einen Patienten, der, da er überzeugt ist, daß Sie ihn vergiften wollen, alle Medikamente ablehnt, ganz gleich, wie sorgfältig sie in Fleisch, Banane oder Schokolade verborgen sind; einen Patienten, der – weil man ihm nichts erklären kann – alles, was man tut vom Röntgen bis zur Spritze, als einen Angriff auf sein Leben oder seine Würde oder beides auffaßt. Mit kranken Tieren braucht man die Langmut eines Hiob, die grimmige Entschlossenheit eines Sysyphus, die Falschheit eines Judas, die Körperkraft eines Samson, die beruhigende Ausstrahlung eines Salomon und das Glück des Teufels, ehe man auch nur hoffen kann, etwas zu erreichen.

Auf einer Tierfangexpedition – wo man Schreiner, Ernährungswissenschaftler, Käfigputzer, Koch und Tierarzt in einem sein muß – lernt man eine Menge über die Grundlagen der Behandlung von Tierkrankheiten. Wenn man für eine Sammlung von mehreren hundert Tieren zu sorgen hat und an die 200 km von der nächsten Siedlung entfernt ist, die wahrscheinlich nicht einmal einen Arzt vorweisen kann, geschweige denn einen Tierarzt, ist man gezwungen, seine eigenen Methoden zu entwicäkeln. Sie haben natürlich wenig gemein mit der einfühlsamen Fürsorglichkeit des Harley Street Spezialisten, und wenn die britische Ärztekammer einen solchen »Urwalddoktor« sehen könnte, würde sie ihm wahrscheinlich alle Würden aberkennen.

Welches ehrbare Mitglied der Harley Street würde schließlich auch einen widerspenstigen und folglich wutentbrannten Patienten – in diesem Fall eine Manguste – in einen alten Tennisschuh stopfen, um ihr einen Einlauf mit einem Duftspray geben zu können, das er in letzter Verzweiflung in einem Einheimischenladen erstanden hat? Welcher angesehende Harley Street Spezialist würde sich vor einem Publikum von etwa 200 faszinierten Afrikanern entkleiden und sich von oben bis unten unzähligemal mit einer Spritze stechen, um einen höchst mißtrauischen – bärenstarken Pavian davon zu überzeugen, daß dies ein ungemein erstrebenswertes Erlebnis ist? Welcher pingelige Mann aus der Harley Street würde sich um seiner Berufung willen mit einem jungen Schimpansen, der an Bronchitis leidet, zu Bett legen, der dann die Nacht damit zubringt, mopsfidel herumzutoben, einem die Finger in die Augen zu bohren und mit immensem Vergnügen alle halbe Stunde Ströme von Urin loszulassen? Welcher der eleganten und würdevollen Doctores von den diversen Universitäten des Landes läuft Gefahr, daß sein Patient ihm mit spitzem Schnabel ins linke Nasenloch fährt, während er versucht, einen gebrochenen Arm zu schienen? Das passierte mir, als ich einer Tigerrohrdommel den Flügel schiente, und es war mir bei den Schmerzen, die ich ausstand, kaum ein Trost zu wissen, daß der Vogel sein Ziel verfehlt hatte. Er hatte es auf mein Auge abgesehen.

Ich möchte in meiner Einstellung den Ärzten gegenüber nicht unbillig erscheinen, aber sie haben wirklich im Vergleich zu denen, die mit Tieren zu tun haben, einen recht bequemen Job. Ich möchte wetten, daß jeder normale praktische Arzt in blinder Verzweiflung sein Diplom zerreißen würde, wenn er sich plötzlich mit siebenunddreißig Affen konfrontiert sähe, die alle an akutem Durchfall leiden, weil ein afrikanischer Wärter ihnen versehentlich ein Abführmittel gefüttert hat; und das zehn Minuten, bevor man an Bord eines Schiffes gehen soll, dessen Kapitän bekannt ist für seine Tierfeindlichkeit. Doch so hart die Schule ist, durch die man da geht, sie gibt einem für später ein gutes Rüstzeug mit. Und wenn man dann bei der Tierbehandlung Erfolg hat, ist man überrascht und hochbefriedigt.

Die Arten des Umgangs mit Tieren in freier Wildbahn und in einem gutgeführten Zoo sind ähnlich, aber nicht identisch. Seit Jahren streiten sich die Zoofachleute darüber, ob es wünschenswert ist, für Tiere Krankenhäuser einzurichten oder nicht. Die eine Seite behauptet, ein krankes Tier müßte von seinen Artgenossen getrennt werden, damit eine Verbreitung der Krankheit verhütet wird, das Tier sich in hygienischer Umgebung erholen und der Tierarzt es unter den kontrollierten Bedingungen behandeln kann. Die andere Seite hält diesen Argumenten entgegen, daß ein Krankenhaus zwar notwendig sein mag zur Gewährleistung der hygienischen Bedingungen, die für eine Operation nötig sind, daß aber die psychologische Wirkung auf das Tier – wenn es aus der vertrauten Umgebung in eine unsympathische, fremdriechende verbracht und dazu noch der Kontakt zu ihm vertrauten Menschen entzogen wird, um nunmehr von einem völlig Fremden versorgt zu werden – weit schädlicher ist, als seine rasche Rückkehr in ein unhygienisches, aber vertrautes Quartier, wo es sich geborgen fühlt. Ich neige mehr zu der Auffassung der zweiten Seite. Eine ernste Krankheit hat auf ein Tier ohnehin schon eine niederschmetternde Wirkung. Wenn dann noch die Angst, die unweigerlich durch die Behandlung oder die Operation heraufbeschworen wird, hinzukommt, und schließlich auch noch der Entzug der vertrauten und tröstlichen Umgebung mit den gewohnten menschlichen Kontakten, dann kann es viel eher geschehen, daß das Tier aus Angst oder an Depressionen eingeht.

Als der Trust noch in den Anfängen steckte, war für uns die Frage, ob Krankenhaus oder nicht, eine rein theoretische. Wir hatten gar nicht das Geld, um ein Krankenhaus zu bauen, und mußten daher einen dritten Weg einschlagen: nach besten Kräften dafür zu sorgen, daß wir keines brauchen würden. Das heißt, indem wir das Geld, das wir hatten, dafür ausgaben, das bestmögliche Futter zu besorgen und behagliche Unterkünfte für die Tiere zu schaffen, praktizierten wir gewissermaßen eine Art Vorsorgemedizin.

Wir haben festgestellt, daß das eine gute Methode ist. Das Vorkommen von Krankheiten war in unserem Zoo, wenn man die Größe und die Vielfalt unseres Tierbestands berücksichtigt, außergewöhnlich gering. Aber das soll nicht heißen, daß wir völlig verschont geblieben sind. Wir haben unser Quantum an Krankheiten, Epidemien und Unfällen, die durch jene Macht verursacht wurden, die von Versicherungsgesellschaften ›höhere Gewalt‹ genannt wird.

Unser Mangel an fachlichen Einrichtungen hat jedoch unseren geplagten Tierärzten viele Probleme aufgegeben. Eine größere Unterleibsoperation ist immer gefährlich. Wenn man sie aber an einem Ort vornehmen muß, wo für absolute Keimfreiheit nicht gesorgt werden kann, dann vergrößert sich die Gefahr wesentlich. Und wenn man seinen Patienten nach der Operation unter solchen Bedingungen auch unterbringen muß, dann verdoppeln sich damit die Chancen auf ein Mißlingen.

Unsere erste einschlägige Erfahrung machten wir, als eine Löwin, die kurz vor der Niederkunft stand, sich eine Infektion zuzog, durch die Darmgase gebildet wurden. Als die Wehen begannen, konnte sie nicht gebären. Wir befanden uns in einer schwierigen Situation; oral ließ sich das Tier kein Betäubungsmittel geben, und wir waren zu dieser Zeit so bettelarm, daß wir uns den Luxus eines Narkosegewehrs nicht leisten konnten. Die ganze Geschichte war um so schwieriger, als sie sich an einem Wochenende ereignete. Ich mußte meinen Freund Oliver Graham-Jones, damals der leitende Tierarzt am Londonder Zoo, dazu bewegen, ein beschauliches Wochenende mit seinen preisgekrönten Zuchtrosen aufzugeben und mit einem Narkosegewehr nach Jersey zu fliegen. Einem anderen konnte er das Amt nicht übertragen, da die Polizei davon nichts wissen wollte. Er war schließlich der einzige, der die amtliche Genehmigung hatte, das Instrument zu gebrauchen. Mit Hilfe unserer eigenen Tierärzte betäubten wir das Tier und trafen die Vorbereitungen für einen Kaiserschnitt. Die Operation fand im Freigehege statt. Zur Beleuchtung hatten wir ein paar Zahnarztlampen aufgestellt. Der Operationstisch war verblüffend einfach: eine gründlich geschrubbte alte Tür auf zwei Blöcken. Es spricht für das Können unserer Tierärzte, daß die bereits eiternden Jungen – drei an der Zahl – entfernt und die Löwin sterilisiert werden konnte, ohne daß es irgendwelche Komplikationen durch Lungenentzündung oder Bauchfellentzündung gab, obwohl nach der Operation die Zoowerkstatt als Genesungsheim herhalten mußte.

Gewiß war diese Operation unhygienisch; es muß aber darauf hingewiesen werden, daß es Momente gibt, wo man es mit der Hygiene zu weit treiben kann. Wenn man den Käfig eines Tieres zweimal am Tag mit einem Desinfektionsmittel schrubbt, sein Futter keimfrei macht, es sorgsam von den Besuchern fernhält und selbst jedesmal Gesichtsmaske und Handschuhe trägt, wenn man mit dem Tier in Berührung kommt, dann wird es vielleicht prächtig gedeihen; aber schleicht sich nur ein kleiner, hartnäckiger und bösartiger Bazillus ein, schon ist ihm das Tier ausgeliefert, weil es nie Widerstandskräfte aufbauen konnte.

Ein gutes Beispiel hierfür bietet der Fall unserer beiden jungen Gorillas Assumbo und Mamfe. Die erfolgreiche Aufzucht von Gorillas ist immer noch hinreichend ungewöhnlich, um sie zu einer Besonderheit zu machen; deshalb wurden diese beiden – unsere Erstgeborenen – mit großer Ehrfurcht behandelt. In ihrem Kinderzimmer war für höchste Hygiene gesorgt. Die Windeln wurden hygienisch gewaschen, das Futter wurde unter hygienischen Gesichtspunkten zubereitet, jeder, der mit ihnen zu tun hatte oder sie besuchte, trug eine Maske, sie wurden so beschützt und behütet, als wären sie die Erben einer heiligen Dynastie. Dann kam der Tag, als sie für den Inkubator, für den Wäschekorb, für die Spielkiste und schließlich für das Kinderzimmer zu groß geworden waren. Sie wurden also im Triumphzug ins Säugetierhaus gebracht, wo ein Spezialkäfig für sie bereitstand.

Fast augenblicklich wurde Mamfe, der jüngere der beiden, krank. Zunächst zeigte er nur ein wechselndes Interesse an seinem Futter, eine gewisse Lethargie und einen geringen Gewichtsverlust. Als dann noch Durchfall hinzukam, wurde schleunigst Dr. Carter gerufen, unser ortsansässiger Kinderarzt, der die beiden Kleinen seit ihrer Geburt unter seiner Obhut gehabt hatte. Sein erster Befund – der in unserer Kartei vorliegt und in unserem elften Jahresbericht veröffentlicht wurde, lautete:

›Eine Untersuchung bestätigte die Lethargie und den Appetitsverlust. Mamfe zeigte keine Lust, mit Assumbo zu spielen. Die Zunge war belagfrei, wenn auch etwas trocken. Der Hals war frei, und in den Lungen war nichts Unnormales zu entdecken. Eine krankhafte Veränderung an den Lympfdrüsen war nicht festzustellen. Untersuchung der Ohren und des Rachens zeigte keine Anzeichen einer Entzündung und die Urinanalyse, die im Labor vorgenommen wurde, zeigte kein Anzeichen einer Entzündung des Uro-Genitaltrakts. Mamfe wurde mit Lomotil, 2,5 ml dreimal am Tag behandelt. Da sich zeigte, daß er auf die Verabreichung von Lomotil zum Erbrechen neigte, wurde er auf Flüssigkost gesetzt, wie 5prozentige Glukoselösung und verdünnte S.M.A. Milch.‹

Doch der Durchfall ließ nicht nach, und als der Laborbericht über die Stuhluntersuchung einging, wies er eine Reinkultur von Kolibakterien aus. Das ist eine unangenehme Infektion, die zum Tod führen kann. Der Laborbericht informierte uns, daß das Bakterium mit Chloramphenicol, Tetracyklin, Streptomycin, Septrin und Neomycin bekämpft werden kann, doch das half uns nicht viel. Es war Samstag nachmittag – warum werden Tiere immer am Wochenende krank? – und es war sehr schwierig, überhaupt ein Antibiotikum zu bekommen. Mamfe erhielt deshalb Oxytetracyklin, 125 mg in Sirup alle sechs Stunden. Doch das Mittel wirkte zu unserer wachsenden Beruhigung nicht. Als Dr. Carter am Sonntag kam, war Mamfe in schlechter Verfassung und besorgniserregend ausgetrocknet.

Dr. Carters Bericht fährt fort:

›Er war teilnahmslos und reagierte kaum auf menschliche Berührung; seine Augen waren eingesunken und wirkten glasig. Er war uninteressiert an seiner Umgebung. Die Augen lagen tief in den Höhlen, und er hatte das typische Aussehen eines ausgetrockneten menschlichen Kindes. Seine Zunge war trocken, die Haut auf dem Unterleib schlaff. Als sie mit Daumen und Zeigefinger hochgezogen und dann losgelassen wurde, fiel sie nicht so sprunghaft zurück, wie das normal ist. Es war offensichtlich, daß Notmaßnahmen dringend erforderlich waren, um das Tier wieder zu beleben. Sobald irgend ein Zwang auf Mamfe ausgeübt wurde, fand er die Kraft, sich zu widersetzen. Ein Versuch, Flüssigkeiten intravenös zu verabreichen, konnte nicht gemacht werden. Es wurden deshalb drei verschiedene Methoden angewendet:

1. Inter-peritoneale Transfusion. Diese Methode wurde von Carter (1953) beschrieben und von ihm in Afrika viel angewendet, um akut ausgetrockneten Säuglingen Flüssigkeit zuzuführen. Die Säuglinge hatten kaum etwas gegen das Verfahren einzuwenden. Mamfe jedoch reagierte sehr heftig und erhöhte den intra-abdominalen Druck durch sein unablässiges Schreien so stark, daß Gefahr bestand, die Nadel könnte den Darm durchbohren. Die Nadel wurde daher herausgezogen, nachdem 50 ml Hartmannslösung verabreicht worden waren.

2. Subkutane Infusion in die Oberschenkel. Die Haut über den Oberschenkeln von Mamfe war sehr schlaff und lose, deshalb wurde beschlossen, diese Methode anzuwenden, die früher viel in Kinderkrankenhäu-

Ein Igeltanrek, ein merkwürdiges, kleines urtümliches Säugetier aus Madagaskar.

Junge Uhus.

Wir gestatten den jungen Gorillas gern
Kontakt zu den Besuchern. Hier hat Mamfe
eine neue Freundin gefunden.

Tierärzte untersuchen einen betäubten Leoparden.

Ein junger Schwarzrücken-Tamarin wird mit der Flasche gefüttert.

Der Verfasser mit Prinzessin Anne, der Schirmherrin des Wildlife Preservation Trusts, anläßlich ihres Besuchs im Zoo.

sern eingesetzt wurde. 80 ml Hartmannslösung konnten ohne Mühe in das subkutane Gewebe beider Oberschenkel gespritzt werden, und es war erstaunlich anzusehen, mit welcher Geschwindigkeit die Flüssigkeit absorbiert wurde. Es machte den Eindruck, als hätte, wenn nötig, die doppelte Menge an Flüssigkeit auf diese Weise verabreicht werden können.

3. Ernährung mit dem Magenschlauch. Da Erbrechen bei Mamfe außer nach der Verabreichung von Lomotil nicht aufgetreten war, wurde beschlossen, diesen Weg einzuschlagen. Es wurde errechnet, daß er weitere 180 ml Flüssigkeit brauchen würde, wenn der Flüssigkeitsspiegel wieder auf ein normales Maß gebracht werden sollte. Schwester J. Robbins, zu deren routinemäßigen Pflichten im Krankenhaus die Ernährung von Frühgeburten mittels Magenschlauch gehört, schob den Schlauch mit solcher Schnelligkeit und Geschicklichkeit durch den Mund, daß Mamfe nicht einmal Anstalten machte, zu würgen. 180 ml klarer Hartmannslösung wurden langsam mittels Schlauch verabreicht. Zusätzlich bekam Mamfe eine intramuskuläre Injektion von 50 mg Ampicillin und 25 mg Cloxacillin in Form von Ampiclo, und zwar alle sechs Stunden während der folgenden paar Tage. Miss Robbins zeigte dem Zoopersonal die Technik der Fütterung durch den Schlauch. Innerhalb kurzer Zeit konnte der Schlauch ohne alle Schwierigkeiten eingeführt werden. Damit war die Austrocknung behoben, und wurde nie wieder zu einem Problem.

Wie dieser kleine Gorilla, der eben noch so rund und munter gewesen war, von einer Minute auf die andere zusammenschrumpfte, das war so schrecklich mitanzusehen, daß man es so leicht nicht vergaß. Dr. Carter sagte mir, daß so etwas bei Frühgeburten ziemlich häufig vorkommt. Sie werden, wenn sie aus der behüteten Umwelt der Intensivstation auf eine gewöhnliche Station verlegt werden, oft von Kolibakterien befallen und haben dann kaum Widerstandskraft, sie zu bekämpfen.

Selbstverständlich muß man alle vernünftigen Vorsichtsmaßnahmen treffen, um Infektionen zu verhindern. Wir halten es so, daß wir jeden Neuankömmling von den übrigen Tieren getrennt halten, während alle erdenklichen Untersuchungen durchgeführt werden. Dann erst erhält das Tier seinen Platz unter den anderen. Auf diese Weise ist die Gefahr, daß man ein krankes Tier einführt, äußerst gering. Wenn das Tier

Anzeichen einer Krankheit oder eines Befalls durch innere oder äußere Parasiten zeigt, die Krankheiten verbreiten können, wird es behandelt und den anderen Tieren so lange ferngehalten, bis keine Gefahr mehr besteht. So schützen wir uns davor, daß Krankheiten durch Neuankömmlinge eingeführt werden. Das ist auch der Grund, weshalb wir aufhören mußten, kranke Wildvögel zu behandeln. Wir stellten nämlich fest, daß sie trotz unserer Vorsichtsmaßnahmen parasitäre Infektionen einführten. Wir schicken sie jetzt zum Tierschutzverband der Insel und helfen aus der Ferne mit Rat und Tat, falls das notwendig sein sollte.

Quarantäne und Untersuchungen bilden unsere erste Abwehrfront, aber wir sind uns im klaren darüber, daß diese leider nicht unüberwindlich ist. Nehmen wir einmal die gefürchtete Aspergillose, die durch einen Pilz hervorgerufen wird, der in den Lungen von Vögeln gedeiht. Gegen sie gibt es heute noch kein Heilmittel. Vieles spricht dafür, daß ein Vogel jahrelang mit einem niedriggradigen Befall dieser Pilze leben kann, ohne irgendwelche Anzeichen davon zu zeigen. Wird der Vogel jedoch unter Streß gesetzt, wenn er beispielsweise gefangen werden muß, um von einem Gehege in ein anderes gebracht oder verschickt zu werden, dann bricht die Krankheit in voller Stärke aus und führt innerhalb kurzer Zeit zum Tod des Tieres. Da die Krankheit in vielen Fällen nicht zu erkennen ist, sieht es dann so aus, als stürbe ein scheinbar kerngesunder Vogel ganz plötzlich aus unerfindlichem Grund. Erst bei der Autopsie stellt sich heraus, daß seine Lungen wahre Brutstätten von Pilzkulturen sind. Die Gefahr, daß einem so etwas mit einem neu eingetroffenen Vogel passiert, ist natürlich beträchtlich. Wie ich schon an anderer Stelle berichtet habe, litt einer der Weißen Ohrfasanenhähne an dieser Krankheit, als er bei uns ankam, und er starb innerhalb von vierundzwanzig Stunden. Mit den Weißen Ohrfasanen, die wir in Jersey gezüchtet hatten, haben wir das gleiche Problem gehabt. Wir sandten sie ab, scheinbar in bester Verfassung, und hörten dann, daß sie vierundzwanzig Stunden nach ihrer Ankunft an Aspergillose gestorben waren. Selbstverständlich waren sie schon befallen, ehe sie unseren Zoo verließen, doch es waren keine Anzeichen dafür zu sehen gewesen.

Ähnlich gelagert war der Fall bei unserem männlichen Borneo-Orang-Utan Oscar. Jahrelang wirkte er absolut gesund und munter, bis sich eines Tages zeigte, daß er an einer tödlichen Kankheit litt. Wir hatten Oscar bekommen, als er noch ein winziges Etwas war. Während seiner Kindheit hatte er die üblichen Erkältungen gehabt, sich aber nie eine ernstere Krankheit zugezogen. Mit der Zeit wuchs er sich zu einem der prachtvollsten Orang-Utans aus, die ich je gesehen habe, mit den breiten, fleischigen Backenwülsten, die seiner Art eigen sind und kleinen, scharfblickenden Augen. Oscar besaß die Körperkraft von zwei Männern und schien bei bester Gesundheit zu sein. Eines Tages jedoch trat bei ihm, ohne daß ein Grund ersichtlich gewesen wäre, eine gewisse Unlust auf. Vier Tage später war dieser kraftvolle und scheinbar kerngesunde Orang-Utan tot.

Der Verfall begann mit einem Desinteresse an seinem Futter. Diese Appetitlosigkeit konnte natürlich alle möglichen Ursachen haben, von einer Erkältung bis zu Zahnschmerzen; doch wir halten es, wenn ein Tier wirklich einmal Krankheitssymtome zeigt, stets für das sicherste, das Schlimmste anzunehmen. Wie das bei unseren Menschenaffen üblich ist, wurden sowohl unsere beiden Tierärzte als auch unser Arzt gerufen; es war jedoch angesichts der mageren Symptome schwierig, eine Diagnose zu stellen. Doch wurde Oscar behandelt, so weit das unter den gegebenen Umständen möglich war.

Am zweiten Tag bekam er Durchfall, und von da an ging es ständig bergab mit ihm. Wir waren in der mißlichen Lage, daß wir ihn nicht betäuben konnten, um eine gründliche Untersuchung vorzunehmen; sein Zustand verschlechterte sich so rapide, daß ein Betäubungsmittel ihn hätte töten können. Und so kam der letzte Tag, dessen Ablauf in unserer Kartei aufgezeichnet ist.

Mittwoch, 25. Juli

0.15 Uhr. Tier scheint leicht zu husten.

0.40 Uhr. Tier erbrach sehr wenig Flüssigkeit.

1.30–3.15 Uhr. Tier sehr rastlos während dieser Zeit, schlief nicht viel und veränderte häufig seine Lage. Magenkrämpfe in längeren Abständen. Erbrechen wurde aber nur einmal beobachtet. Seine Augen sind sehr glänzend, und er scheint ganz da zu sein.

3.55 Uhr. Rollte sich auf die Seite, Magenkrämpfe, Winde.

4.10–5.40 Uhr. Schlief recht gut mit gelegentlichen Lageveränderungen. Atmung 21–22 pro Min.

5.40 Uhr. Wurde sehr munter, setzte sich auf, indem er sich an die Wand lehnte. Verweigerte, als ihm etwas zu trinken angeboten wurde.

5.45 Uhr. Liegt auf dem Rücken und döst. Grunzt gelegentlich.
5.55 Uhr. Drehte sich auf die Seite, dann auf den Bauch. Reagierte auf leises Ansprechen. Leises Grunzen. Ich hielt ihm etwas zu trinken hin und dachte, er würde es nehmen. Er setzte sich auf, legte sich dann aber wieder hin.
6.00 Uhr. Schläft fest. Keine Magenkrämpfe zu sehen.
6.50 Uhr. Wachte auf, kam sehr schwach zum Gitter. Nahm zwei Schluck Flüssigkeit zu sich. Glitt langsam an den Stangen hinunter zu Boden.
7.05 Uhr. Heftiges Zittern.
7.12 Atmung 20
7.50 Uhr. Atmung 24
9.15 Uhr. Liegt auf dem Rücken, Mund offen, Geräusche bei jedem Atemzug.
9.20 Uhr. Konvulsionen, Erbrechen, Exitus.

Die Autopsie wurde für uns freundlicherweise von Dr. John Cragg vorgenommen, dem Direktor des staatlichen pathologischen Instituts von Jersey. Es stellte sich heraus, daß Oscar an einer Dickdarmvereiterung gelitten hatte – einem Leiden, das beim Menschen ziemlich selten vorkommt und bei Orang-Utans noch seltener. Die Schleimhaut des Darms wird befallen, und es bilden sich Geschwüre, die schließlich zum Tod führen. Es war bestürzend, aufgrund der Autopsie zu erfahren, daß Oscar schon seit einiger Zeit an dieser Erkrankung gelitten haben mußte, ohne daß sich irgendwelche Symptome gezeigt hatten. Teile des Dickdarms waren in Erneuerung begriffen, was darauf schließen ließ, daß ein Heilungsprozeß eingesetzt hatte, als die Erkrankung sich als tödlich erwiesen hatte.

Es war uns ein schwacher Trost zu wissen, daß eine derart ungewöhnliche Krankheit aufgrund der mageren Symptome, die wir hatten beobachten können, unmöglich hätte diagnostiziert werden können. Und es war uns auch kein Trost zu wissen, daß eine Behandlung wahrscheinlich unmöglich gewesen wäre. Wenn nämlich diese Erkrankung beim Menschen festgestellt wird, dann muß dem Patienten ein Cortisoneinlauf gemacht werden – das geht aber nur mit der Kooperation des Patienten. Ein betäubter Oscar hätte nicht helfen können. Ein völlig wacher Oscar hätte sich gesträubt zu helfen.

Im Vergleich zur Humanmedizin befindet sich die Tiermedizin noch im Mittelalter. Wir haben das Glück, daß die Tierärzte, die sich um unsere Tiere kümmern, nicht nur gescheit sind, sondern auch Interesse haben; im großen und ganzen jedoch bin ich bei Tierärzten auf größeres Unwissen über wilde Tiere gestoßen als bei allen anderen Kategorien von Menschen, mit Ausnahme vielleicht von Zoodirektoren und Biologen. Ob man dem Durchschnittstierarzt nun einen Fennek vorstellt, der kleiner ist als ein Zwergpudel, oder die »Giraffe« der Hundwelt, einen Mähnenwolf, er wird darauf bestehen, beide Tiere so zu behandeln, als wären sie junge Jagdhunde aus demselben Wurf. Gewiß, sie gehören beide der Familie der Hunde an, aber nicht nur größenmäßig besteht zwischen ihnen ein himmelweiter Unterschied, sondern auch in bezug auf ihre Verhaltensweisen, ihre natürliche Umwelt und ihre Psychologie. So verwunderlich ist diese Unerfahrenheit der Tierärzte vielleicht gar nicht, da sie ja während ihrer Ausbildung kaum etwas anderes sehen als Haustiere. Es gibt wenig Anreiz, sich in die unerforschten und gefährlichen Gebiete der Tiermedizin hinauszuwagen, die sich mit Wildtieren befassen.

In der Wildtiermedizin bieten sich ungeheure Forschungsmöglichkeiten. In kommenden Jahren werden wir, wenn wir Intelligenz walten lassen, vielleicht in einem verzweifelten Versuch, wenigstens einige Menschen am Leben zu erhalten, so esoterische Geschöpfe wie Elenantilopen, Giraffen, Hirschziegenantilopen oder Gemsbüffel als Fleischtiere in Farmen züchten; da können dann gründliche Kenntnisse auf jenen Gebieten der Tiermedizin, die heute noch zum großen Teil im Dunklen liegen, von ungeheurem Nutzen sein. Über Wildtiere ist so wenig bekannt, daß jede Kleinigkeit, die unsere Kenntnisse erweitert, als ein Fortschritt angesehen werden kann. Denken wir nur an die künstliche Besamung, die bei Haustieren heute vielfach, und großenteils mit Erfolg, angewendet wird. Ihre Anwendung bei Wildtieren steckt noch in den Anfängen, aber was auf diesem Gebiet bisher getan wurde, reicht aus, uns zu zeigen, daß die künstliche Besamung zu einem wichtigen Instrument des Artenschutzes werden kann, indem man auf diese Weise gefährdete Arten züchtet. An der Cornell Universität in den Vereinigten Staaten wurde zum Beispiel ein erster Durchbruch geschafft: Es gelang, Falken künstlich zu besamen und die in einer kontrollierten Umwelt erzeugten

Eier in Nester von wildlebenden Vögeln zu legen, da deren Eier, wenn die Eltern durch Pestizide verseucht sind, entweder unfruchtbar oder weichschalig sind, und die Jungen häufig mißgestaltet zur Welt kommen. Auf diese Weise, so hoffen wir, können vielleicht Tiere wie der Wanderfalke in solchen Gebieten wieder eingebürgert werden, wo sie das Schicksal erlitten haben, das Rachel Carson in ihrem Buch »Der stumme Frühling« prophezeite.

Auf dem Gebiet der Ernährungswissenschaft müssen noch große Fortschritte gemacht werden; denn wenn wir nicht wissen, was ein Tier an Nährstoffen braucht, dann können wir gar nicht hoffen, es bei Gesundheit zu erhalten oder gar zu züchten. Wird die Beigabe von Pilzen zur täglichen Kost den gewünschten Zuchterfolg bringen oder nicht? Sollte man vielleicht Moos beigeben? Oder Seetang? Oder füttert man womöglich einfach zuviel?

Unsere Unwissenheit ist groß. Wir wissen beispielsweise kaum etwas über Streßfaktoren. Streß kann durch alles möglich ausgelöst werden; zum Beispiel dadurch, daß die Besucher dem Tier zu nahe kommen oder dadurch, daß im Nachbarkäfig sich ein Tier einer anderen Art befindet. In unserem neuen Haus für die Krallenäffchen haben wir jetzt ein solches Streßproblem. Die Ursache ist die unzulängliche Ventilation im Korridor zwischen den Innenkäfigen. Das mag auf den ersten Blick lächerlich erscheinen, aber der Zusammenhang ist leicht erklärt. Diese kleinen Primaten markieren ihre Territorien mit dem starken, moschusartigen Geruch ihrer Duftdrüsen, die sie an den Zweigen oder Drähten ihres Käfigs reiben. In einem unzureichend belüfteten Raum können sie natürlich sehr leicht die Duftmarken der anderen Äffchen rundum riechen. Das weckt in ihnen das Gefühl, daß ihr eigenes Territorium bedroht ist, und deshalb markieren sie es voller Erbitterung doppelt so deutlich. Da dies jedoch nicht hilft, befinden sie sich in einer Streßsituation.

Wenn in der Zukunft viele Wildtiere nur noch in Zoos existieren werden, dann ist es von höchster Wichtigkeit, daß wir möglichst viele dieser Probleme lösen oder wenigstens zu lösen versuchen. Wenn es nämlich so weit ist, werden die Tiere, die der Zoo aufnimmt, in ihrer Existenz noch stärker gefährdet sein als heute, und mit diesen spärlichen Überresten können wir es uns nicht leisten, ein Risiko einzugehen.

Medizinische Probleme, die wir mit den Wildtieren haben, sollten wir mit der gleichen Ernsthaftigkeit anpacken wie unsere Probleme mit den Haustieren. Diese sind schließlich nicht von der Ausrottung bedroht.

Kapitel Sieben

»Man könnte vielleicht erwarten, daß der Mensch, der im ganzen Tierreich das einzige Lebewesen ist, das sich durch die Fähigkeit zum logischen Denken auszeichnet, angesichts der Bedrohung, die eine fortschreitende Zerstörung der Natur darstellt, sich in fieberhafter Aktivität befindet, um seine Lebensgrundlagen zu erhalten. Tatsächlich aber findet man kaum eine öffentliche Warnung geschweige denn eine Spur davon, daß etwas getan wird ... Dies ist kein fantastischer Ausflug in das Reich der Science Fiction. Wenn man von einer Fortsetzung gegenwärtiger Trends ausgeht, dann ist dies wahrscheinlich das optimistischste Bild, das man sich von der Zukunft des Menschen machen kann. Wenn in der Natur das Stadium erreicht ist, wo das Gedränge einsetzt, dann ist ein Massensterben unvermeidlich ... Vielleicht irren sich jene, die das Ende des Wegs so sehen, und vielleicht kann ein Ausweg gefunden werden. Wenn, dann aber nur durch eine nicht vorstellbare Verlagerung unserer gesamten wissenschaftlichen Bemühungen von der Ausbeutung auf die Erhaltung der Natur. Es ist gewiß zu hoffen, daß jene, die die Dinge von der schwärzesten Seite sehen, nicht aufhören werden, auf konstruktive Maßnahmen in dieser Richtung zu drängen, damit das abgewendet werden kann, was sie für nahezu unvermeidlich halten.«

DR. S. R. EYRE – *Population, Production and Pessimism*

»Die vier Reisenden sahen sich daher genötigt, ihre Wanderungen über Land fortzusetzen, und sehr zu ihrem Glück kamen sie in diesem Moment an einem ältlichen Rhinoceros vorüber, dessen sie sich bemächtigten; und nachdem alle vier auf seinen Rücken geklettert waren ...

Auf diese Weise gelangten sie in weniger als achtzehn Wochen wohlbehalten nach Hause, wo sie von ihren bewundernden Verwandten mit Freude empfangen wurden, die durch Verachtung gedämpft war; und wo sie schließlich beschlossen, ihre übrigen Reisepläne bei günstigerer Gelegenheit zu verwirklichen.

... Was das Rhinoceros anging, so ließen sie es zum Zeichen ihrer dankbaren Anhänglichkeit töten und auf der Stelle ausstopfen und stellten es dann vor der Tür zum Hause ihres Vaters auf.«

EDWARD LEAR

Die Arche

Ich hoffe, mit diesem Buch einiges erreicht zu haben. Vor allem hoffe ich, den Zoogegnern unter den Lesern gezeigt zu haben, daß gutgeführte Zoos für Tiere eine Hilfe sind, ja, daß in vielen Fällen die Zoos sich als letzte Zufluchtsstätte zahlreicher Tierarten in einer von Menschen wimmelnden Welt erweisen werden.

Von den etwa 500 zoologischen Gärten auf der Welt sind einige ausgezeichnet, einige nicht einmal mittelmäßig, und die übrigen sind eine Schande. Wenn man aber davon ausgeht, daß Zoos für die Wissenschaft, für die Wissensvermittlung und für den Tierschutz von Wert sein können und sollten, dann finde ich, sollte man sich bemühen, sie zu verbessern. Es ist absurd, daß viele erbitterte Zoogegner, die mir erklärt haben, sie würden am liebsten sämtliche Zoos schließen lassen, mit größter Gelassenheit die sogenannten Safari-Parks hinnehmen, die heute überall wie Pilze aus der Erde schießen, obwohl die Tiere dort im allgemeinen viel schlechter dran sind als in einem Durchschnittszoo. Ein Tier kann in einem großen Freiraum genau so unglücklich sein oder genau so schlecht behandelt werden wie in einem kleinen; aber die sanft gewellten Hügel, die alten Bäume täuschen uns und lassen Kritik nicht aufkommen. Die Zoogegner aber bilden sich ein, gerade das sei das einzige, was die Tiere nötig hätten und sich wünschten.

Es ist merkwürdig, wie es das Gewissen der Leute beruhigt, wenn sie ein Tier auf einer zehn Morgen großen Wiese stehen sehen. Safari-Parks sind ein reines Geldgeschäft. An wissenschaftlicher Forschung oder an den Tierschutz wurde bei ihrer Planung nicht ein Gedanke verschwendet. Wie ein häßlicher Pilz haben sie sich jetzt in der ganzen Welt ausgebreitet. Im großen und ganzen werden die Tiere dort schandbar behandelt, und die Zahl der Todesfälle – die im allgemeinen sorgsam verborgen gehalten wird – ist erschreckend hoch. Ich will hier nicht auf die Motive und Qualifikationen der Leute eingehen, die sie geschaffen haben, denn die liegen wohl auf der Hand; ich möchte aber betonen, daß es meines Wissens absolut unmöglich ist, für diese riesigen Gehege fachlich ausgebildetes und erfahrenes Personal zu finden. Soviel geschultes Personal gibt es nämlich gar nicht. Ich weiß das, weil ich selbst ständig auf der Suche nach solchen seltenen Perlen bin.

Ich habe nichts gegen den Gedanken des Safari-Parks. Ich habe aber etwas gegen die Art und Weise, wie sie heute geführt werden. In ihrer gegenwärtigen Form stellen sie für die Wildtierbestände eine größere Gefahr dar als es der Zoo jemals war. Safari-Parks, die unter fachlicher Aufsicht stehen und nach wissenschaftlichen Gesichtspunkten geführt werden, könnten einen bedeutenden Beitrag zur Erhaltung und zum Schutz solcher Tiere wie Antilopen, Hirsche und der größeren Raubtiere leisten. Aber sie haben noch einen weiten Weg vor sich, ehe man in ihnen was anderes sehen kann als Tierschlächtereien im wäldlichen Idyll.

Wir sollten uns bemühen, Zoos und Safari-Parks zu verbessern und nicht einfach ihre Abschaffung verlangen. Wenn Florence Nightingale, als sie die grauenvollen Zustände in den Krankenhäusern des vergangenen Jahrhunderts entdeckte, sich damit begnügt hätte, ihre Schließung zu fordern, dann hätte in späteren Jahren wohl kaum jemand ihre Weitsicht gepriesen.

Ich bin dafür, daß wir alle, ob wir nun Gegner oder Freunde des Zoos sind, uns anstrengen sollten, zur Verbesserung der Zoos beizutragen. Wir sollten dafür sorgen, daß sie den Tieren wirklich eine Hilfe sind und nicht eine zusätzliche Belastung. Das kann dadurch erreicht werden, daß man die Zoos und andere Tierhaltungsbetriebe viel kritischer unter die Lupe nimmt und sie so dazu bringt, sich selbst gegenüber kritischer zu sein, so daß auch die heute noch weniger guten Zoos sich bemühen, ihre Sache besser zu machen.

Es ist eine außergewöhnliche Tatsache, daß es Zoos schon vor zweitausend Jahren in China gegeben hat. Die Konquistadoren entdeckten, als sie das Reich der Azteken in Mexiko eroberten, dort unglaubliche Tiersammlungen. Zoos in dieser oder jener Form hat es gegeben, seit der erste primitive Mensch sein erstes Riesenfaultier in einer Höhle einsperrte. Und doch gibt es kaum eine staatliche Gesetzgebung für Zoos.

In Großbritannien beispielsweise kann jeder, wenn er die Genehmigung der örtlichen Behörden hat, einen Zoo gründen. Wenn der Zooinhaber einmal seine Tiersammlung beisammen hat, ist er lediglich den örtlichen Gesundheitsbehörden verantwortlich, und die interessieren sich mehr für den Zustand der Toiletten und Restaurationsbetriebe als für die Käfige. Für Tierquälerei ist der örtliche Tierschutzverband zuständig. Diese Organisation leistet gewiß gute Arbeit, aber wenn ein Tier nicht gerade offenkundige Spuren von Mißhandlung zeigt – wenn es zum Beispiel mit Wunden übersät ist oder praktisch zum Skelett abgemagert ist –, steht der Tierschutz-Beauftragte ziemlich ratlos da. Mit wilden Tieren kennt er sich nicht aus, da er keine einschlägige Ausbildung genossen hat. Was für den Menschen durchaus angemessen aussieht, kann für das Tier schon Quälerei sein.

Nach dem letzten Krieg wurden plötzlich von allen möglichen unqualifizierten Leuten miserabel geführte Zoos gegründet. Mich rief einmal einer dieser Leute an, weil er einen Rat von mir haben wollte. Er hatte einen Käfig, der 3,60 × 1,80 m groß war, und er wollte ein Tier für diesen Käfig kaufen. Das schlimme war, daß er nicht nur keine Ahnung hatte, was welches Tier war, sondern daß er auch die Größe der verschiedenen Tiere nicht kannte. Er bat mich deshalb, ihm die Namen mehrerer ihm angebotener Tiere zu übersetzen wie Puma, Hyäne, Hirschziegenantilope usw. und ihm die Körpermaße dieser Tiere anzugeben, so daß er feststellen könne, welches Tier in seinen Käfig passe. Weiß der Himmel, man braucht doch für fast jedes andere Unternehmen einen Zulassungsschein! Sollte es nicht gesetzliche Voraussetzung sein, daß man ein gewisses Fachwissen ausweist, ehe man die Genehmigung erhält, einen Zoo zu gründen? Es ist merkwürdig, daß diese Situation in einem Land besteht, wo die Leute nie müde werden, sich und anderen zu versichern, was für leidenschaftliche Tierliebhaber sie sind.

Vor einiger Zeit gründeten die verantwortungsbewußten Zoologischen Gärten in Großbritannien die Zoological Garden Federation. Sie setzte es sich zum Ziel, mit Hilfe von Inspektionen und Vorschlägen zu versuchen, auf den Gebieten Tierhaltung und -zucht, Zooplanung und -verwaltung den allgemeinen Standard zu heben. Wir traten der Federation bei, da wir der Meinung waren, daß, wenn schon keine staatliche Kontrolle existiert, zumindest gewisse Normen geschaffen und eingehalten werden sollten, und wenn auch nur von den Mitgliedszoos. Diese Gruppe von zoologischen Gärten wandte diese Normen auf sich selbst an; die Federation leistete also in ihrem Rahmen eine durchaus wertvolle Arbeit.[x)]

Der nächste Schritt bestand in dem Versuch, durch das Parlament ein Gesetz einbringen zu lassen, das für ein gewisses Maß an Kontrolle über bestehende Zoos sorgen und als Richtschnur für zukünftige Zoos dienen solle. Doch bei der Abfassung dieses Gesetzesantrags gab es schon den ersten Ärger. Es wurde ganz richtig vorgeschlagen, eine unparteiische Regierungsbehörde einzurichten, um zoologische Gärten zu inspizieren und zu überwachen. Gleichzeitig sollte diese Behörde auf Grund von Anfragen darüber entscheiden, wer einen Zoo gründen und leiten könne und wer nicht. Außerdem sah dieser Gesetzesantrag vor, daß alle Zoos über ihre Importe, Geburten und Verluste Bücher führen und die staatliche Behörde zu diesen Unterlagen Zugang haben solle. Wie vorauszusehen war, erhob die Mehrzahl der kommerziell eingestellten Zoodirektoren heftige Einwände gegen diesen Punkt. In dem Bemühen, die Einbringung dieses Gesetzes zu verhindern, gründeten sie die Zoological Gardens Association, der sich die meisten Safari-Parks anschlossen. Der Zweck dieser Gründung war klar: eine Körperschaft, zu der eine größere Zahl von Organisationen gehörte als zur Federation, kann vor die Regie-

[x)] Die Direktoren der wissenschaftlich geleiteten Zoos in Deutschland, Österreich und der Schweiz sind im »Verband deutscher Zoodirektoren« zusammengeschlossen, der etwa die gleichen Ziele verfolgt wie der später gegründete britische Verband.

rung hintreten und erklären: Nicht die Federation, sondern die Association ist das Sprachrohr der zoologischen Gärten. Damit wäre der Association natürlich möglich gewesen, den Gesetzesantrag entweder ganz vom Tisch zu fegen, oder aber dafür zu sorgen, daß das Gesetz, wenn es durchging, nicht zugreifen könnte. Den Mitgliedern der Association hätte das Gesetz dann als ein von der Regierung sanktionierter Deckmantel dienen können, unter dem sie so weitermachen konnten wie bisher. Alle Kritiker hätte man mit dem Schein der Integrität blenden können, den das Gesetzt verlieh.

Zum Glück ließ die Federation sich nicht zu Konzessionen bewegen, sondern bestand darauf, daß das Gesetz, abgesehen von einigen kleinen Änderungen, so bleiben sollte, wie es geplant war. Die Regierung jedoch, als sie sich zwei getrennten Körperschaften gegenübersah, die sich offensichtlich nicht darüber einigen konnten, was für Vorschriften sie in dem Gesetz haben wollten, ja, die sich nicht einmal darüber einig waren, ob sie überhaupt ein Gesetz haben wollten, krauste nur unwillig die Stirn und erklärte kurz und bündig: »Kitten Sie den Bruch in Ihren Reihen, überlegen Sie sich, welcher Art die gesetzliche Überwachung sein soll, die Sie wünschen, und kommen Sie dann mit Ihrem Gesetzesentwurf wieder her.«

Es sind jetzt Bemühungen im Gange, eine Überwachung von Zoos durch Lokalbehörden zu erreichen. Das ist wahrscheinlich besser als gar nichts; wenn man aber, sagen wir mal, der Herzog von Dulally und gleichzeitig der reichste Großgrundbesitzer im ganzen Bezirk ist, der zufällig den Park seiner Ahnen in einen Safari-Park verwandelt hat, dann möchte ich den Beamten sehen, der die Courage aufbringt, einem ins Gesicht zu sagen, daß man seine Tiere schlecht behandelt, oder es fertigbringt, einem gar irgendwelche Beschränkungen aufzuerlegen. Es ist wirklich ein höchst unbefriedigender Stand der Dinge.

Solange es keine gesetzlichen Regelungen gibt, kann eine Verbesserung des allgemeinen Standards in den Zoos am ehesten dadurch erreicht werden, daß die Zoobesucher Fragen stellen, und freundlich, aber beharrlich so lange fragen – wenn nötig auch in Briefen oder Anrufen –, bis sie eine zufriedenstellende Antwort erhalten. Hier sind einige grobe Richtangaben, worauf man achten und was man fragen sollte. Ich hoffe übrigens, Sie werden diese Methode auch anwenden, wenn Sie Jersey

besuchen sollten. Wir sind nämlich längst nicht vollkommen. Diese kleine Hilfsanweisung gilt für Tierparks *überall* auf der Welt. Sie kann in zwei Spalten geteilt werden: worauf man achten und was man fragen sollte.

Beachten Sie das Tier selbst, seine Verfassung. Achten Sie zunächst einmal nicht auf den Käfig. Suchen Sie nach Anzeichen dafür, daß das Tier sich wohlfühlt – ein glänzendes und dichtes Gefieder bei Vögeln; ein glattes, glänzendes, den ganzen Körper bedeckendes Fell bei Säugetieren; eine gesunde Haut bei Reptilien, Amphibien und Fischen. Achten Sie vor allem darauf, ob Sie die ruhige Gelöstheit entdecken, die ein Tier an den Tag legt, wenn es glücklich ist; sie ist ganz unverwechselbar, wenn man sie sieht.

Vergessen Sie nicht, daß Neuankömmlinge, sehr alte Zooinsassen oder kranke Tiere erbärmlich aussehen können.

Sehen Sie sich den Käfig an. Denken Sie daran, daß in vielen Fällen die Größe nicht so übermäßig wichtig ist – es sei denn, der Käfig ist wirklich winzig. Lassen Sie sich also nicht von den Ausmaßen oder von architektonischen Schönheiten täuschen. Ist der Käfig für das Tier geeignet? Gibt es Einrichtungsgegenstände darin – Baumäste, Holzklötze, Schaukeln, Fässer usw.? Ist für das Tier ein Platz da, an den es sich zurückziehen kann, wenn es alleinsein will? Können sich die Tiere auch einmal von ihren Artgenossen zurückziehen?

Denken Sie, ehe Sie zu hart urteilen, daran, daß viele Zoos aus Mangel an finanziellen Mitteln Käfige benutzen, die noch aus viktorianischer Zeit stammen. Gleichzeitig sollten Sie aber nicht übersehen, daß viele Zoos neue Käfige bauen, die schlimmer sind als die viktorianischen.

Sehen Sie sich den Wasservorrat an. Ist das Wasser sauber? Ist viel Wasser da oder wenig?

Bitte denken Sie daran, daß manche Tiere ihre Näpfe, Teiche oder Seen als Toiletten benutzen, was die Pflege nicht gerade erleichtert. Andere waschen ihr Futter in ihrem Trinkwasser oder baden darin. Wer jedoch aufmerksam hinsieht, kann den Unterschied zwischen schmutzigem frischen Wasser und schmutzigem Wasser, das schon fünf Tage nicht erneuert wurde, erkennen.

Achten Sie auf die Sauberkeit. Damit meine ich nicht, ob erkennbar ist, daß der Käfig gerade an diesem Tag gereinigt wurde. Sieht er so aus, als wäre er je gründlich gereinigt worden?

Ihrem Wohnzimmer sieht man am Abend eines Tages an, daß Sie sich darin aufgehalten haben, doch im Grund ist es sauber. Genau so sollte es bei einem Tierkäfig sein. Man sollte ihm ansehen, daß er regelmäßig saubergemacht wird, aber er darf ruhig bewohnt wirken.

Jetzt kommen wir zu den Fragen, die man stellen sollte.

Diejenigen unter Ihnen, die sich mit der Erforschung der menschlichen Natur und den Abgründen ihrer Unaufrichtigkeit befassen, werden daran vielleicht eine Menge Spaß haben.

Fragen Sie zunächst nach dem Zweck dieses Tierparks.

Das kann wissenschaftliche Arbeit, Naturschutz, Wissensvermittlung oder Unterhaltung sein. Er sollte natürlich alle vier Sektoren einschließen, in den meisten Fällen jedoch erfüllt er nur den letztgenannten Zweck.

Fragen Sie, ob die Tierarten studiert werden. Wenn ja, werden die Ergebnisse veröffentlicht? Gegebenenfalls, wo? Fragen Sie, ob ein Datensammelsystem existiert und wie umfassend es ist. Fragen Sie, welche Tiere gezüchtet werden und wieviele pro Jahr, wann sie gezüchtet werden, ob schon bis zur dritten oder vierten Generation?

Ein sehr guter und gescheiter Zoodirektor sagte einmal zu mir: »Jeder Narr kann mit ein bißchen Glück eine Tierart einmal züchten. Von einer erfolgreichen Zucht kann man erst dann sprechen, wenn man die Tiere regelmäßig durch Zucht vermehrt, und zwar bis in die zweite und dritte Generation.«

Wenn Tiere einzeln gehalten werden, dann fragen Sie, warum sie keine Gefährten haben. Fragen Sie auch, ob man bereit ist, die Einzeltiere zu Zuchtzwecken an andere Zoos auszuleihen.

Fragen Sie, wie hoch der Prozentsatz von Todesfällen im Jahr ist. Wird über diese Zahlen Buch geführt, und werden sie veröffentlicht? Werden tote Tiere obduziert?

Welche Einstellung hat die Verwaltung zum Tierschutz und welchen Beitrag leistet sie dazu?

Welche gefährdeten Arten werden gezüchtet? Werden Sie in Paaren oder in Kolonien gehalten?

Man kann wohl kaum von einem großartigen Beitrag zum Artenschutz sprechen, wenn man nur ein Tierpaar hat, da sich einmal im Jahr fortpflanzt und dessen Nachwuchs man unverzüglich verkauft.

Hat man bei der Zucht gefährdeter Arten Erfolg? Wie ist der Erfolg?

Wieweit kann der Zoo seinen Bestand aus eigener Zucht sowohl seltener als auch häufiger Tiere erhalten und aufstocken?

Das Ziel jedes verantwortungsbewußten Zoos sollte es sein, den Punkt zu erreichen, wo er seinen Bestand völlig aus eigener Zucht erhält und die wild lebenden Bestände nicht noch weiter reduzieren muß.

Was für Zukunftspläne hat man für den Tierschutz?

Was für Zukunftspläne hat man für die Wissensvermittlung?

Was für Zukunftspläne hat man hinsichtlich der wissenschaftlichen Erforschung der Arten, die zum Bestand gehören?

Wie sieht die geplante Forschungsarbeit aus?

Ich will nicht unterstellen, daß jeder Zoo in der Lage sein sollte, Ihnen auf jede dieser Fragen eine zufriedenstellende Antwort zu geben, oder daß er unbedingt dem Standard gerecht wird, auf den Sie meinem Vorschlag zufolge achten sollen. Ich bin aber dafür, daß allen Zoos diese Fragen mit wachsender Häufigkeit und Eindringlichkeit gestellt werden, damit sie endlich einmal aus ihrer Lethargie herausgerissen werden und gezwungen sind, etwas zu tun und ernsthaft darüber nachzudenken, wie die Rolle eigentlich aussieht, die sie auszufüllen haben.

Wir haben in Jersey versucht, eine neue Art Zoo aufzubauen. Ich glaube, es ist uns geglückt. Wir haben viele Fehler gemacht und werden wahrscheinlich auch noch viele machen, aber wir stecken ja noch in den Anfängen. Ehe ich in Jersey begann, wurde mir von vielen Leuten viel negatives prophezeit, aber alle diese Prophezeihungen haben sich als unzutreffend erwiesen.

Man sagte mir, an einem so entlegenen Ort wie Jersey würde ich niemals Unterstützung finden. Während ich an diesem Buch schreibe, haben wir über 15 000 Mitglieder, die in allen Teilen der Welt zu Hause sind, von Peking bis Pretoria, von Sydney bis Seattle.

Jährlich kommen über 200 000 Besucher zu uns, und diese Zahl wächst von Jahr zu Jahr.

Man sagte mir, daß die Schwierigkeiten, die mit der Haltung und der Aufzucht seltener und in ihrer Existenz gefährdeter Tiere verbunden sind, ungemein groß, in vielen Fällen unüberwindlich wären. Ich will zwar nicht behaupten, daß es ein Kinderspiel ist, Wildtiere zu züchten, aber es kann geschafft werden, und der beste Beweis dafür sind unsere Zuchtstatistiken, die für einen Zoo unserer Größe phänomenale Erfolge ausweisen.

Man sagte mir, ich könnte keinesfalls eine große Auswahl von der gleichen Tierart zur Schau stellen; das würde die Leute langweilen. Eines unserer anziehendsten Schaustücke sind unsere sechs Volieren (Vogelhäuser), in denen ausschließlich weiße Ohrfasane zu sehen sind. Eine große Erläuterungstafel gibt Auskunft über unsere Erfolge bei der Zucht dieser Vögel und über die Gründe, weshalb wir mit ihnen arbeiten. Wir haben festgestellt, daß unsere Besucher die Geschichte faszinierend finden und für unsere Bemühungen voller Beifall sind. Keiner hat irgendwelche Anzeichen von Langeweile gezeigt.

Man sagte mir, ich würde niemals Leute mit Universitätsausbildung dazu bewegen können, die ›niedrigen‹ Arbeiten der Tierpflege zu verrichten. Ich konnte das nicht glauben. Qualifiziert zu sein bedeutet doch nicht, über gewisse Arbeiten erhaben zu sein. Fünfzig Prozent unserer Leute sind qualifizierte Kräfte, die mit Freuden die ›niedrigen‹ Arbeiten anpakken, weil sie auf diese Weise engen Kontakt mit den Tieren bekommen und Gelegenheit zu gründlichen Studien haben, deren Ergebnisse sie in unseren Jahresberichten und anderen wissenschaftlichen Publikationen veröffentlichen.

Schließlich wurde mir auch noch erklärt, meine Vorstellungen von der Zucht von Wildtieren in Gefangenschaft zu dem Zweck, gefährdete Arten vor der Ausrottung zu bewahren, wären illusorisch, grausam, biologisch nicht vertretbar. Heute wird langsam Wirklichkeit, wofür ich mich schon seit meinem sechzehnten Lebensjahr einsetze: In der ganzen Welt werden unter kontrollierten Bedingungen Zuchtgruppen aufgebaut. Sie sind nicht immer in den besten Händen, aber es ist ein Anfang. Selbst die etwas unbewegliche und sehr konservative Körperschaft, die Internationale Naturschutz-Union (IUCN) gibt mit einer gewissen Vorsicht zu, daß die Zucht unter kontrollierten Bedingungen dazu beitragen kann, bestimmte Tierarten zu retten.

Als nächstes haben wir vor, aus dem Trust eine Art Mini-Universität zum Studium der Wildtierhaltung und Wildtierzucht zu machen. Ich muß betonen, daß es sich hier nicht um ein Ausbildungsprogramm für Tierwärter handelt, wie es von einigen Zoologischen Gärten eingerichtet worden ist. Diese Kurse sind ausgezeichnet und dringend notwendig, aber was uns vorschwebt, hat ein wesentlich umfassenderes Ziel. Unser Programm würde sich selbstverständlich nicht nur mit Zoologischen Gärten und ihrer Instandhaltung befassen.

Wenn ich an der Artenschutz-Szene Kritik üben darf – mit besonderem Bezug auf kontrollierte Zuchtprogramme –, so möchte ich auf die seltsame und ganz überflüssige Kluft hinweisen, die zwischen den sogenannten Praktikern und den wissenschaftlich qualifizierten Leuten besteht. Diese Kluft ist breit und kann von Nachteil sein. Schuld haben beide Seiten: Der Praktiker neigt dazu, vor dem fachlich qualifizierten Mann in Ehrfurcht zurückzuweichen; der Fachmann andererseits neigt zu der Auffassung, daß der Praktiker, der keine Fachausbildung genossen hat, ein Analphabet ist, der seine Erfahrungen nicht artikulieren kann. Das ist hier so, wie es meistens ist: »Die Wahrheit liegt in der Mitte.« Ich kenne Praktiker, denen ich nicht einmal einen Chihuahua anvertrauen würde, und ich kenne Fachleute, die die berauschende Luft der Wissenschaft geatmet haben, und eine Tierart nicht einmal zu erkennen vermögen, wenn es nicht reglos in einem Behälter mit Formaldehyd schwimmt. Ich kenne einige höchst gescheite Praktiker, die ihre wertvollen Erfahrungen lediglich mit einer Serie unartikulierter Grunzlaute weitergeben können, und ich kenne qualifizierte Fachleute, die ihre wertvollen Kenntnisse nur in einem Schwall zwölfsilbiger Wörter mitteilen können. Zwischen dem Grunzen des Neandertalers und dem vielsilbigen Jargon des Wissenschaftlers muß eine Brücke geschlagen werden. Dieses Mißtrauen zwischen dem Fachmann und dem Praktiker ist Schuld an einem Mangel an Kommunikation, der wie ich schon sagte, auf dem Gebiet der kontrollierten Zucht von großem Nachteil ist.

Beispiele für das, was ich meine, können verstreut in den verschiedenen Bänden der *Red Data Books* gefunden werden, die von der IUCN veröffentlicht werden. Diese ausgezeichneten Publikationen wie Listen gefährdeter Säugetiere, Vögel und Reptilien mit Angaben über ihre frühere und derzeitige Verbreitung, enthalten Abschnitte, die darüber Auskunft geben, wieviele Tiere einer bestimmten Art in Gefangenschaft gehalten werden und wie ihr Zuchtpotential in Gefangenschaft eingeschätzt wird. In vielen Fällen ist der Platz unter der Überschrift ›Zuchtpotential‹ leer. Das ist ein korrektes und wissenschaftliches Eingeständnis von Unwissen. An vielen anderen Stellen aber stehen die Worte,

›unbekannt, wahrscheinlich gleich null‹ ›unbekannt, wahrscheinlich schlecht‹.

Ein weiterer beunruhigender Aspekt ist, daß jetzt, wo kontrollierte Zuchtprogramme von den Naturschützern immer mehr anerkannt werden, Leute mit immer höheren Qualifikationen mit der Leitung solcher Zuchtgruppen betraut werden, und gerade sie sind im allgemeinen ohne praktische Erfahrung. Selbstverständlich ist eine Universitätsausbildung von großem Wert, aber wer an einem kontrollierten Zuchtprogramm mitarbeiten möchte, muß zusätzliche Qualifikationen aufweisen oder erwerben, nämlich Mist schaufeln, Wassereimer schleppen, Strohballen transportieren, kurzum – Schmutzarbeit leisten und im Notfall schuften, bis er umfällt; er wird dafür die Freude haben, das lebendige Tier im Gegensatz zum Tier aus dem Lehrbuch kennenzulernen. Wie ich schon sagte, sind fünfzig Prozent unserer Leute Fachkräfte, aber sie studieren die Tiere nicht nur, sie packen auch bei der schweren praktischen Arbeit mit an.

Für die Zukunft schwebt uns vor, daß der Trust das Potential seiner Zuchttiere (Einzeltiere und Arten) erweitert – wobei natürlich zu bedenken ist, daß uns aufgrund unserer Größe Beschränkungen auferlegt sind –, denn es gibt viele Tiergruppen, die in unserer Sammlung nicht vertreten sind, obwohl sie aufgrund ihrer Gefährdung in unseren Arbeitsbereich fallen. Wir haben beispielsweise keine Zahnarmen (Ameisenfresser, Gürteltiere usw.) und auch keine Caniden (Hunde, Füchse usw.). Wir hoffen, unsere Sammlung durch lebensfähige Zuchtgruppen *einiger* dieser gefährdeten Gruppen zu erweitern. Neben der Erhaltung gefährdeter Arten durch kontrollierte Zuchtprogramme, würden diese Zuchtgruppen gleichzeitig als Lehrmaterial dienen. Mit Spenden unserer Schwesterorganisation in den Vereinigten Staaten haben wir bereits ein ernährungswissenschaftliches Forschungslabor eingerichtet, das uns, so hoffen wir, in der Zukunft wertvolle Informationen liefern wird. Mit einer weiteren, höchst großzügigen Spende bauen wir jetzt eine Tierklinik und ein Forschungszentrum mit einer Röntgen- und einer pathologischen Abteilung sowie einem gut ausgestatteten Genesungsraum für die Tiere, die einer längeren Behandlung bedürfen.

Um unseren Plan einer Lehranstalt verwirklichen zu können, werden wir weitere Laboratorien brauchen, in denen sowohl die Studenten als auch Gastwissenschaftler Studien betreiben können. Wir brauchen ein Heim, in dem sie wohnen können, einen Vortragssaal, ein kleines Foto- und Filmatelier und ein Tonstudio. Wenn das alles fertig ist – und nur der Mangel an finanziellen Mitteln hindert uns, diese Pläne sofort in Angriff zu nehmen –, wird aus dem Hauptsitz des Trusts ein komplexes Laboratorium geworden sein, in dem nicht nur Zuchtkolonien bedrohter Tierarten aufgebaut, sondern diese Tiere auch mit aller Gründlichkeit erforscht werden, und in dem schließlich Fachleute ausgebildet werden können, die in der Lage sind, in allen Teilen der Welt, wo immer sie gerade gebraucht werden, kontrollierte Zuchtprogramme aufzubauen.

Eine Anzahl ausgewählter Studenten könnte bei uns an einem Intensivkurs über kontrollierte Tierzucht teilnehmen. Sie könnten zunächst in jeder Abteilung einige Zeit arbeiten und würden auf diese Weise eine ausgezeichnete Ausbildung in den verschiedenen Zuchtmethoden mit einem breiten Spektrum von Tierarten erhalten – Säugetieren, Vögeln und Reptilien. Danach könnten sie sich auf jene Tierarten spezialisieren, die bei ihnen zu Hause heimisch sind. Wenn die Studenten nach dem Ablegen ihrer Prüfungen in ihre Heimat zurückkehren, könnten sie – unterstützt mit Rat und Hilfe durch den Wildlife Trust – ihren Regierungen oder heimischen Naturschutzorganisationen helfen, Zuchtzentren an solchen Orten zu gründen, wo sie notwendig sind.

Das Studium wäre nicht einfach eine Unterweisung in Zootierhaltung, sondern gezielter Unterricht für den Aufbau lebensfähiger Zuchtgruppen, die sich selbst erhalten können, wobei als Fernziel auch daran gedacht ist, Tiere aus diesen Gruppen in die freie Wildbahn zurückzuführen, um frühere Verbreitungsgebiete wieder zu bevölkern oder dezimierte Wildbestände wieder zu normalisieren. Diese Art der Arbeit fordert vom Studenten, daß er bereit ist, hart und gewissenhaft zu arbeiten, vor allem aber, daß er an seiner Arbeit ein echtes Interesse hat. Wir hoffen, daß diesen Studenten von ihren Regierungen oder von Naturschutzorganisationen genügend Stipendien zur Verfügung gestellt werden.

Auf diese Weise würde sich der Trust zu einer Einrichtung entwickeln, wie sie dringend gebraucht wird: eine Art Universität, wo die Studenten die Methoden kontrollierter Zuchtprogramme erlernen und eine korrekte Ausbildung in der Pflege von Tieren erhalten. Mit ihren Kenntnissen können sie dann überall in der Welt Tierschutzorganisationen ins Leben rufen.

Wir sind der Meinung, daß diese Aufgabe vordringlich zu erfüllen ist. Wenn Sie der gleichen Meinung sind und den Tieren helfen wollen, können Sie dem Trust als Mitglied beitreten. Der Jahresbeitrag ist gering, und Sie können sich mit eigenen Augen davon überzeugen, wofür Ihr Geld ausgegeben wird.

Im Namen einer Vielfalt bezaubernder und bizarrer, farbenprächtiger und exotischer, faszinierender, gescheiter, großartiger, würdevoller, komischer und rührender Minoritäten dieser Welt – die nicht lesen, schreiben, wählen und auch kein Nervengas erfinden können – lade ich Sie ein, die Sache der Tiere zu Ihrer Sache zu machen. Wenn Sie Näheres wissen möchten, schreiben Sie an
The Wildlife Preservation Trust International
Les Augres Manor
Trinity
Jersey, Kanalinseln.

Nachwort zur deutschen Ausgabe

Gerald Durrell ist ein self-made-Zoodirektor. Er hat diesen schwierigen Beruf ergriffen aus einer echten, tiefen Leidenschaft für die Tiere, die wir Menschen so oft und in so verschiedener Weise mißbrauchen. Die ›normale‹ Ausbildung zum Tiergärtner: Zoologiestudium mit Doktorpromotion, praktische Tierpflege-Ausbildung in einem wissenschaftlich geleiteten Zoo, langjährige Ausbildung als wissenschaftlicher Zoo-Assistent und Bewerbung um die öffentlich ausgeschriebene Stelle eines Zoodirektors, hat Durrell nicht durchlaufen. Seine praktische Tätigkeit in einem der Londoner Zoos war beinahe zufällig, jedenfalls nicht vom Wunsch nach Einhaltung eines vorgeschriebenen Ausbildungsplans diktiert.

Vielleicht ist gerade deshalb Gerald Durrell ein so guter und erfolgreicher Zoodirektor geworden. Weil er die althergebrachten Regeln der Zootierhaltung infrage stellte, bekam er ein gesundes Gespür für das, was im alltäglichen Trott eingefahrener Betriebe gar zu leicht übersehen wird. In seinem eigenen Zoo auf Jersey hat er sich ernsthaft darum bemüht, gerade die Fehler zu vermeiden, die sich – aus »Betriebsblindheit« – in »etablierten« Zoos leicht einschleichen können.

In den deutschsprachigen Ländern haben die wissenschaftlich geleiteten Zoologischen Gärten eine fast hundertjährige, gute Tradition. Ich erinnere nur an Namen wie Prof. G. Brandes (Dresden), Geheimrat Prof. Ludwig Heck (Berlin), Prof. Hermann Landois (Münster), Prof. Fritz Schmidt-Hoensdorf (Halle/S.), Prof. Otto Antonius (Wien), Prof. Karl-Max Schneider (Leipzig) und in neuerer Zeit Prof. Heini Hediger (Bern, Basel, Zürich), Prof. Bernhard Grzimek (Frankfurt), Prof. Heinrich Dathe (Berlin), Prof. Karlheinz Klös (Berlin) und viele andere. Absichtlich habe ich hier nur solche Tiergärtner aufgeführt, die den Professorentitel tragen – obwohl diese Auszeichnung wohl etwas willkürlich vergeben wird. Die Professorenreihe ließe sich auch noch verlängern; in ihr ist nur *einer*, der von der Hochschule zum Zoo kam und seinen Professorentitel sozusagen »mitbrachte«: Hermann Landois in Münster – und gerade er war ein besonders tüchtiger Praktiker, wie ich als sein später Nachfolger 1957–60 feststellen konnte. Alle anderen hatten nach ihrem Zoologie- (oder auch Veterinär-) Studium das harte Brot der Tiergarten-Praxis essen müssen, bevor sie wegen ihrer Erfolge in der Tiergärtnerei (in *dem* Bereich, das G. Durrell in diesem Buch so temperamentvoll vertritt) – oft gegen den Widerstand ihrer Fakultätskollegen – zu Professoren ernannt wurden.

Aber es gibt leider oft noch einen Grund, weshalb – nicht nur in obskuren, von Geschäftsleuten zu Profitzwecken aufgezogenen »Tiergärten« (den Ehrennamen »Zoo« verdienen solche Etablissements nicht), sondern auch in wirklichen, fachmännisch geleiteten Zoologischen Gärten – das Notwendige oft nicht durchgeführt wird: Die Anmaßung der dem Direktor vorgesetzten Behörde oder Institution, *sie* und nicht der Fachmann habe über die Wildtierhaltung im Zoo zu bestimmen und sie könne beurteilen, was fachgerecht sei und was nicht. Besonders ungünstig wirkt sich solche Einflußnahme sachunkundiger Vorgesetzter auf die Entscheidungen des sachkundigen Tiergärtners dann aus, wenn neue Tierhäuser und Gehege gebaut werden sollen. Wenn der fachkundige Tiergärtner nicht eine sehr starke Position seinen Vorgesetzten gegenüber hat, wird ihm allzu oft von städtischen Bauämtern oder – bei von Vereinen getragenen Zoos – von dem Vorstand angehörenden Bauunternehmern, Architekten, pensionierten Oberbauräten usw. in einer Weise in seine Tierhaus-Planung hineingeredet, die alle Fachkunde des Zoodirektors illusorisch macht.

Ich könnte hier aus eigener bitterer Erfahrung manches Beispiel nennen; das, welches ich hier darlegen will, stammt aber aus einem anderen Bereich, dem der richtigen Ernährung der Zootiere, dem Gerald Durrell ja einen wichtigen Abschnitt seines Buches gewidmet hat. Einer der schlimmsten Fehler, die fachunkundige Zoo-Leiter begehen können, ist es, den Besuchern das Füttern der Tiere zu erlauben. Jede Tierart ist auf eine ganz bestimmte Ernährungsweise eingestellt, die bei der Fütterung im Zoo berücksichtigt werden muß. Nahe miteinander verwandte Tierarten – wie z. B. die Thompsongazelle und die Grantgazelle in der Serengeti – können nur deshalb nebeneinander im gleichen Lebensraum existieren, weil sie einen in Kleinigkeiten unterschiedlichen Nahrungsbedarf haben. Die Tiergärtner versuchen, diese Unterschiede herauszufinden und in ihren Fütterungsplänen im Zoo zu berücksichtigen. Nur so können die Haltungsbedingungen der Zootiere verbessert (ich möchte lieber sagen: berichtigt) werden. Aber alle derartigen Bemühungen sind völlig sinnlos, wenn es den Zoobesuchern erlaubt wird, auch nur ein einziges Tier zu füttern. Eine Grundregel fachgerechter Wildtierhaltung heißt also: Keine, aber wirklich gar keine Fütterung der Tiere durch Besucher.

Ich selbst habe einen erheblichen Teil meiner tiergärtnerischen Fachausbildung im Frankfurter Zoo bei Prof. Grzimek erfahren. Da ich damals noch unter einer Kriegsverletzung litt, konnte ich allerdings keine Mistkarren schieben. Ich habe aber dort die Selbstverständlichkeit gelernt, daß Zootiere nicht von Zoobesuchern gefüttert werden dürfen.

Von Frankfurt kam ich 1957 als Zoodirektor nach Münster/Westf. Ich sah dort zu meinem Schrecken, daß es in diesem von einem »gemeinnützigen« Verein verwalteten Zoo erlaubt war, die Tiere zu füttern. Es wurde sogar »Tierfutter« an den Kiosken im Zoo verkauft. Mir als ordnungsgemäß ausgebildetem, fachkundigen Tiergärtner war so etwas unfaßbar. Der Vereinsvorstand, meine fachunkundigen Vorgesetzten, bestanden darauf, daß man den zahlenden Besuchern diese Freude doch nicht nehmen dürfe. Ich habe das totale Füttterungsverbot dann nur durch einen Trick durchsetzen können: Ich brachte auf der Jahrestagung des »Verbandes deutscher Zoodirektoren« in Duisburg den Antrag ein, man möge beschließen, in allen Zoologischen Gärten generelles Fütterungsverbot für Besucher zu erlassen. Dieser Beschluß wurde gefaßt, und ich konnte in Münster das Fütterungsverbot durchsetzen.

Einige Monate später mußte ich das Feld räumen, weil ich mich im Kampf um die Wildtiere in menschlicher Obhut doch wohl zu unbeliebt gemacht hatte. Mein Nachfolger im Amt hat aber selbstverständlich kein Jota zurückgenommen und konnte auf der vorhandenen fachlich vernünftigen Basis weiterbauen.

Gerald Durrell geißelt sehr hart diese und ähnliche Mißstände in »etablierten« Zoos. Ich bin der Meinung, daß eine ausgewogene Universitätsausbildung als Zoologe (ausnahmsweise auch als Tierarzt) die einzig tragfähige Grundlage darstellt, in Verbindung mit einer langjährigen praktischen Ausbildung in einem guten Zoo (einschließlich Mistkarren!) einen jungen Menschen zum Tiergärtnerberuf zu befähigen. Besonders geniale Menschen wie Durrell schaffen das ausnahmsweise auch mal ohne Zoologiestudium.

Besonders wichtig ist – und hier liegen die eigentlichen Verdienste von Gerald Durrell –, daß alle wissenschaftlich geleiteten Zoos (andere haben keine Daseinsberechtigung) zur Erhaltung bedrohter Tierarten beitragen müssen. Die führenden Zoos der Welt haben diese Aufgabe durchaus erkannt. So kam z. B. das Bongo-Zuchtprogramm der Zoos in Basel und Frankfurt zustande (der Bongo ist eine in ihrem Bestand gefährdete große Waldantilope Afrikas). Hier gibt es noch sehr viel zu tun; noch viele weitere Tierarten sind gefährdet und werden vermutlich nur mit Hilfe Zoologischer Gärten eine Überlebenschance haben. Ein Pionier auf diesem Gebiet ist der Autor dieses Buches.

Dietrich Heinemann

Joy Adamson

Für immer frei

»Der überzeugende Abschluß einer der bewegendsten Tiergeschichten aus Afrika.«
Christian Science Monitor

1977 wurde Joy Adamson mit dem österreichischen Ehrenkreuz für Wissenschaft und Kunst ausgezeichnet.

192 Seiten
mit 4 mehrfarbigen und 57 einfarbigen Abbildungen auf Tafeln
Leinen

Ullstein

Michel Klein

Die Tiere, die mich zum Menschen machten

Amüsant und lehrreich zugleich sind die Erinnerungen des Pariser Tierarztes Dr. Michel Klein, der durch seine ungewöhnlichen Heilerfolge und ein erstaunliches Einfühlungsvermögen in die tierische Psyche international bekannt wurde.

334 Seiten, 32 Abbildungen
Leinen

Ullstein

Frédéric Rossif

Das Fest der wilden Tiere

»Die Beobachtung wilder Tiere ist es, die dem Menschen am besten dazu verhelfen kann, die wesentlichen Augenblicke seines Lebens zu genießen; zu spüren, daß man selbst auch zu dem großen wilden Fest gehört.«
Frédéric Rossif

Bildband im Großformat
30 Textseiten
200 Seiten mit 127 vierfarbigen Abbildungen

Ullstein

Dennis Avon/Tony Tilford

Brutvögel Europas

Ein großartiges Bilderbuch und ein zuverlässiges ornithologisches Nachschlagewerk, das zur geheimnisvollen Vogelwelt unserer Umgebung ein neues Verhältnis schaffen kann. Ein Buch, das den Natur- und Vogelfreund anregt, selbst auf Entdeckungsreise zu gehen.

176 Seiten, 131 farbige Abbildungen zahlreiche Zeichnungen

Ullstein